Christian Schmidt

Podcasts in pädagogischen Kontexten

Einsatzmöglichkeiten und
effektive didaktische Ausgestaltung
innovativer Audiomedien

Diplomica Verlag GmbH

Schmidt, Christian: Podcasts in pädagogischen Kontexten: Einsatzmöglichkeiten und effektive didaktische Ausgestaltung innovativer Audiomedien. Hamburg, Diplomica Verlag GmbH 2014

Buch-ISBN: 978-3-95850-521-6
PDF-eBook-ISBN: 978-3-95850-021-1
Druck/Herstellung: Diplomica® Verlag GmbH, Hamburg, 2014

Bibliografische Information der Deutschen Nationalbibliothek:
Die Deutsche Nationalbibliothek verzeichnet diese Publikation in der Deutschen Nationalbibliografie; detaillierte bibliografische Daten sind im Internet über http://dnb.d-nb.de abrufbar.

Das Werk einschließlich aller seiner Teile ist urheberrechtlich geschützt. Jede Verwertung außerhalb der Grenzen des Urheberrechtsgesetzes ist ohne Zustimmung des Verlages unzulässig und strafbar. Dies gilt insbesondere für Vervielfältigungen, Übersetzungen, Mikroverfilmungen und die Einspeicherung und Bearbeitung in elektronischen Systemen.

Die Wiedergabe von Gebrauchsnamen, Handelsnamen, Warenbezeichnungen usw. in diesem Werk berechtigt auch ohne besondere Kennzeichnung nicht zu der Annahme, dass solche Namen im Sinne der Warenzeichen- und Markenschutz-Gesetzgebung als frei zu betrachten wären und daher von jedermann benutzt werden dürften.

Die Informationen in diesem Werk wurden mit Sorgfalt erarbeitet. Dennoch können Fehler nicht vollständig ausgeschlossen werden und die Diplomica Verlag GmbH, die Autoren oder Übersetzer übernehmen keine juristische Verantwortung oder irgendeine Haftung für evtl. verbliebene fehlerhafte Angaben und deren Folgen.

Alle Rechte vorbehalten

© Diplomica Verlag GmbH
Hermannstal 119k, 22119 Hamburg
http://www.diplomica-verlag.de, Hamburg 2014
Printed in Germany

Inhaltsverzeichnis

Inhaltsverzeichnis I

Abbildungsverzeichnis III

Abkürzungsverzeichnis IV

Tabellenverzeichnis V

1 Einleitung 1
    1.1 Podcasting – Was ist das? 1
    1.2 Potenziale und Anwendungsmöglichkeiten von Podcasts in der Aus- und Weiterbildung – Vision und Realität 2
    1.3 Problemstellung 4

2 Theoretische Grundlagen für den Einsatz von Podcasts in pädagogischen Kontexten 6
    2.1 Kognitionspsychologische Grundlagen – Konzepte auditiver Wahrnehmung, auditiver Aufmerksamkeit und Informationsverarbeitung 6
    2.2 Von der Psychologie des Hörens zur Pädagogik des Zuhörens 18
        2.2.1 Vom Hören zum Zuhören 18
        2.2.2 Das Zuhören - Implikationen für das Lehren und Lernen 21
    2.3 Didaktische Umsetzung – Storytelling als Möglichkeit eines Einsatzes von Podcasts im Rahmen von Blended Learning 26

3 Entwicklung von Kriterien zur Bewertung und effektiven Ausgestaltung von Podcasts – Pädagogische Perspektive 33
    3.1 Grundlagen der Gestaltung und Bewertung von textbasierten Lernangeboten 33
    3.2 Sprachliche und strukturelle Gestaltung von Podcasts 39
        3.2.1 Zuhörerorientierte Texte – Wortwahl, Satzgestaltung, Textstruktur 39
        3.2.2 Zuhörerorientierte Strukturierung von Podcasts auf einer Makroebene nach pädagogischen Prinzipien 47

3.3	Inhaltliche Gestaltung von Podcasts	51
3.4	Förderung von Zuhörfertigkeiten durch Podcasts	54
3.5	Kriterienkatalog für die Bewertung und Ausgestaltung von Podcasts aus einer pädagogischen Perspektive	59
4	Erstellen eines Podcasts für den Einsatz in der beruflichen Weiterbildung unter Anwendung des erarbeiteten Kriterienkatalogs – „Spannungen beim Thema Klima"	61
4.1	Rahmenbedingungen für die Produktion und den Einsatz des Podcasts	61
4.2	Didaktisch-methodische Ausgestaltung anhand des Kriterienkatalogs	62
4.2.1	Makro-strukturelle Textgestaltung	62
4.2.2	Inhaltliche Textgestaltung	64
4.2.3	Die abschließende Ausgestaltung des Podcasts unter Berücksichtigung der sprachlichen Anforderungen an zuhörerorientierte Texte	66
5	Zusammenfassung und Ausblick	72
6	Literaturverzeichnis	74

Abbildungsverzeichnis

Abbildung 1: Dichotisches Hören (Styles, 2005, S.188) 9

Abbildung 2: Broadbents Flaschenhalsmodell der Aufmerksamkeit (modifiziert und vereinfacht nach Broadbent, 1958, S.299) 10

Abbildung 3: Kahnemans Kapazitätsmodell (1973; aus Trini, 2005, S.17) 13

Abbildung 4: Übersicht über die Wirkungszusammenhänge der erörterten Konzepte 32

Abbildung 5: Atkinson und Shiffrins Modell des menschliches Gedächtnisses (1968; vereinfachte Darstellung aus Styles, 2005, S.245) 36

Abbildung 6: Brownells HURIER Model of Listening (1986; aus Brownell, 1994, S.5) 55

Abbildung 7: Vollständige Übersicht über die Wirkungszusammenhänge der vorgestellten Konzepte und die abgeleiteten Gestaltungsprinzipien für das Storytelling 60

Abkürzungsverzeichnis

RSS .... Real Simple Syndication
XML .... eXtensible Markup Language

Tabellenverzeichnis

Tabelle 1: Kriterienkatalog zur Gestaltung von Geschichten für Podcasts 59
Tabelle 2: Sequenzierung der Lerninhalte für den Podcast 63

1 Einleitung

1.1 Podcasting – Was ist das?

In der Diskussion um die Potenziale des Lehrens und Lernens mit neuen Medien werden regelmäßig neue Entwicklungen aufgegriffen. Seufert (2007) sieht in der kritischen Reflexion der aktuellen Trends („Trend Catching") eine wichtige Aufgabe der Bildungsverantwortlichen verschiedenster Bildungseinrichtungen (S.2).

„Podcasting" stellt einen dieser neuen Trends dar. Podcasts sind Audiodateien (z.B. im MP3-Format), die über das Internet verbreitet werden. Die Besonderheit von Podcasts besteht darin, dass sie gewöhnlich regelmäßig aktualisiert werden und über einen RSS-Feed[1] abonniert werden können. Ein geeignetes Programm, ein sogenannter „Podcatcher", ruft die neuesten Inhalte bei Bedarf automatisch ab. Podcasting[2] wird aufgrund dieser Charakteristika auch als Internetradio-on-demand bezeichnet (Meier, 2007, S.90-91).

Der Begriff Podcasting ist aus dem Namen des populärsten MP3-Players, dem iPod von Apple, sowie dem englischen Wort „to broadcast" („funken" oder „senden") abgeleitet worden. Grundsätzlich hat Podcasting aber nichts mit dem iPod zu tun. Podcasts können auf jedem MP3-Player oder einfach auf dem Computer abgespielt werden (Rubens, 2006, S.IX).

In den letzten Jahren entwickelte sich Podcasting zunehmend zu einem Massenphänomen. Erzielte eine Google-Suche zu diesem Begriff im September 2004 gerade einmal 26 Treffer, so ist die Anzahl der Einträge innerhalb von zwei Jahren auf über 120 Millionen Einträge angestiegen (Rubens, 2006, S.XI).

---

[1] Ein RSS-Feed („Real Simple Syndication") ist eine Art digitaler Umschlag für eine Datei und enthält Informationen (z.B. Publikationsdatum, Titel, nähere Beschreibungen) in einer XML-Struktur, die einen automatischen Abruf bei Aktualisierung ermöglichen.
[2] Der Begriff Podcasting umfasst den gesamten Prozess der Produktion und Verbreitung von Audiodateien über das Internet. Der Terminus Podcast hingegen repräsentiert die eigentliche Audiodatei inklusive des RSS-Feed als besonderes Merkmal. Da speziell die Audiodatei im Zentrum des didaktisch-methodischen Handelns steht, wird im Verlauf des Buches hauptsächlich der Begriff Podcast verwendet.

Der größte Teil der veröffentlichten Podcasts ist eine Art hörbarer Weblog[3], die Bestandteil des vielzitierten „Web 2.0"[4] sind. Mit neuen Technologien wird versucht, die ursprüngliche Idee eines interaktiven Internets besser als bisher zu realisieren. Benutzerfreundliche Tools sollen es jedem ermöglichen, unkompliziert Beiträge für das Internet zu verfassen (Brahm, 2007, S.21). Neben Privatnutzern entdecken auch immer mehr Unternehmen sowie private und öffentliche Bildungsträger diese Technologien. So erwarten nach einer Umfrage des Essener Instituts für Medien- und Kompetenzforschung vier von fünf Experten eine steigende Akzeptanz von Podcasts in der beruflichen Weiterbildung (MMB, 2006, S.2). Viele erhoffen sich von dieser Entwicklung auch neue Impulse für das Lehren und Lernen mit neuen Medien im Sinne eines so häufig angemahnten „Paradigmenwechsels im Lernen [...], das heißt hin zu einer lernerzentrierten Perspektive und zum Lernen als aktiven, sozialen Prozess" (Brahm, 2007, S.24).

In der wissenschaftlichen Diskussion wird derzeit die Frage thematisiert, welche pädagogischen und ökonomischen Potenziale Podcasts als Medien des Web 2.0 für ein effektiveres Lernen besitzen. Das vorliegende Buch konzentriert sich insbesondere auf den pädagogischen Teil dieser Fragestellung. Dazu wird zunächst der aktuelle Stand der (pädagogischen) Forschung zum Thema Podcasts umrissen. Zudem werden die Art und der Umfang des derzeitigen Einsatzes von Podcasts in der pädagogischen Praxis beleuchtet.

1.2   Potenziale und Anwendungsmöglichkeiten von Podcasts in der Aus- und Weiterbildung – Vision und Realität

Die Diskussion um den Einsatz von Podcasts als Bildungsmedien geht einher mit der Vision einer neuen Dimension des Lernens. Ketterl, Schmidt, Mertens und Morisse (2006) heben vor allem die mobilen Einsatzmöglichkeiten von Podcasts hervor. War das Lernen und Lehren mit neuen Medien bisher an den Einsatz eines Computers oder Laptops gebunden, so erreicht es durch den Einsatz neuer mobiler Technologien wie MP3-Playern und

---

[3] Weblogs oder kurz Blogs sind in kurzen Zeitabständen durch die Nutzer aktualisierte Webseiten, die häufig die Form eines digitalen Tagebuchs oder eines Journals haben. Über eine Software werden die Aktualisierung direkt im Browser vorgenommen und unmittelbar veröffentlicht (vgl. für genauere Ausführungen Brahm, 2007, S.70)

[4] Der Begriff Web 2.0 fasst eine besondere Gruppe von Internet-Applikationen zusammen, die es dem Nutzer ermöglichen, relativ unkompliziert Inhalte zu erstellen und mit anderen Nutzern zu tauschen. Zu diesen Applikationen gehören neben Podcasts und traditionellen Weblogs unter anderem auch sogenannte Wikis (offene Enzyklopädien).

multimediafähigen Handys eine neue Mobilität. Das Lernen erobert bildlich gesprochen „die Straße als neuen Lernraum" (S.1).

Campbell (2005) unterstreicht außerdem das (vermeintliche) Potenzial von Podcasts zur Verbesserung der Qualität des Lernens (S.34):

„Imagine a liberal-arts university supplying its community, and the world, with ‚profcasts' of classes and presentations delivered by its talented instructors — not to give away intellectual property but to plant seeds of interest and to demonstrate the lively and engaging intellectual community created by its faculty in each course. "

Campbell sieht Podcasts gar als interaktive Medien, die Freizeit- und Lernaktivitäten integrieren und das Lernen dadurch revolutionieren könnten.

Die beiden meistdiskutierten (möglichen) Potenziale von pädagogischen Podcasts sind aber die Mobilität dieser Medien und ihre Möglichkeiten für eine Verbesserung der Lernqualität. Die Forschung in diesem Bereich steht noch am Anfang.[5] Es lassen sich bisher kaum wissenschaftliche Artikel zu diesem Thema finden. Die wenigen Veröffentlichungen beschränken sich zumeist auf Einschätzungen der Potenziale von Podcasts, auf einzelne Projektberichte (Brahm, 2007, S.31) bzw. auf Aspekte der technischen Umsetzung (vgl. z.B. Ketterl et al., 2006).

Trotz einer unzureichenden wissenschaftlichen Fundierung werden Podcasts bereits in der Bildungspraxis genutzt. Vor allem an einigen Universitäten sind Podcasts schon fester Bestandteil des medialen Angebots an Bildungsmaterialien. Als Vorreiter in diesem Bereich sind dabei die Duke University und die Standford University in den USA zu nennen. Hier werden im Rahmen eines umfassenden Mediacastings[6] unter anderem Aufzeichnungen von Vorlesungen, Sprachkurse, Audiobücher und Sendungen über verschieden Veranstaltungen an der Universität bereitgestellt (Meier, 2007, S.94-95). Im deutschsprachigen Raum bemühen sich vor allem die Universität St. Gallen und die Universität Osnabrück um eine nachhaltige Integration von Podcasts in die Lehre (Meier, 2007; Ketterl et al., 2006).

---

[5] Eine ausführliche Darstellung des aktuellen Standes der Forschung zum Web 2.0 findet sich bei Brahm, 2007, S.20-39.
[6] Mediacasting ist eine allgemeine Bezeichnung, welche die Distribution von Audio- und Videodateien mittels RSS-Technologie umfasst (Meier, 2007, S.91)

Die derzeit bereitgestellten universitären Podcasts sind zumeist nur Aufzeichnungen von Vorlesungen. Reine Audio-Podcasts[7] stoßen hier an ihre Grenzen, da Vorlesungen in vielen Fachbereichen zumeist durch visuelle Materialien (Folien, PowerPoint-Präsentationen) unterstützt werden. Wenn sich der Lehrende aber auf diese Materialien bezieht, so lassen sich die Inhalte für den Lerner aus dem akustischen Vortrag allein nur schwer erschließen. Audio-Podcasts scheinen sich daher nur für den Einsatz bei Veranstaltungen zu eignen, in denen die Sprache im Vordergrund steht (Ketterl et al., 2006, S.6). Der Münchener Informatik-Professor Broy hält deshalb das Phänomen Podcasting für einen weiteren fruchtlosen Hype. Die Vorstellung, man könne beim Joggen Informatik lernen, hält er für vollkommen abwegig (Gertz, 2006, S.33). Im Allgemeinen wird davon ausgegangen, dass Lerner in einer Vorlesung aufmerksamer zuhören, als beim angestrebten „lernen unterwegs", da sie sich ausschließlich auf den Vortrag des Lehrenden konzentrieren können.

1.3 Problemstellung

Podcasts werden zwar große didaktische Potenziale zugeschrieben, gleichzeitig scheinen ihre Anwendungsmöglichkeiten aber begrenzt zu sein. Das vorliegende Buch zielt darauf ab, diese Potenziale und Grenzen zu analysieren und darauf aufbauend ein Rahmenkonzept für einen didaktisch-methodisch sinnvollen Einsatz dieser innovativen Audiomedien zu entwickeln. Es wird daher nicht näher auf die offensichtlichen technischen Vorteile der Podcasts eingegangen, wie z.B. die effektive und bequeme Distribution der Lehrmaterialien. Vielmehr geht es darum, aus einer pädagogischen Perspektive zu diskutieren, wie Podcasts Lehr-Lern-Prozesse verbessern können. Dabei wird ein interdisziplinärer Ansatz verfolgt, der auf Erkenntnisse der Kognitiven Psychologie, der Pädagogischen Psychologie, der Pädagogik und der Medien- und Kommunikationswissenschaft zurückgreift. Insbesondere wird dabei auf die besonders relevanten Prozesse des Hörens, Zuhörens und Lernens eingegangen.

Nach einer Einführung in die Thematik werden im zweiten Abschnitt zunächst kognitionspsychologische Grundlagen der Wahrnehmung und Informationsverarbeitung erörtert, die

---

[7] Neben reinen Audio-Podcast gibt es noch sogenannte „Enhanced Podcast", bei denen die Audiodatei mit weiteren Informationen wie z.B. Bildern oder Internetlinks angereichert werden sowie „Video Podcasts", die anstelle einer Audiosendung einen Videoclip beinhalten (Ketterl et al, 2006, S.3). Diese Podcastformen erscheinen als Medien für den „Lernraum Straße" ungeeignet und werden in diesem Buch daher nicht näher betrachtet.

insbesondere für das Hören von Bedeutung sind. Anschließend wird aufbauend auf Arbeiten der pädagogischen Psychologie ein Konzept des Zuhörens entwickelt, das die Basis für Überlegungen zu den didaktisch-methodischen Potenzialen von Podcasts bildet. Aus den Ergebnissen wird schließlich ein Grobkonzept für den pädagogischen Einsatz von Podcasts erarbeitet.

In Abschnitt drei gilt es, das Einsatzkonzept didaktisch-methodisch auszufüllen. Dazu werden zunächst technische und ökonomische (Mindest-) Anforderungen skizziert, bevor ausführlich auf die pädagogische Notwendigkeit einer speziellen sprachlichen, strukturellen und inhaltlichen Gestaltung von Podcasts eingegangen wird. Die wichtigsten Erkenntnisse werden in einem integrativen Kriterienkatalog zusammengefasst.

Abschnitt vier thematisiert an einem Beispiel die Produktion eines Podcasts anhand des Kriterienkatalogs. Dieser Podcast könnte Bestandteil eines neu zu entwickelnden curricularen Gesamtkonzepts für die Zusatzqualifikation Kaufmann/Kauffrau in der Energie- und Wasserwirtschaft sein.

In Abschnitt fünf werden die Ergebnisse des Buches zusammengefasst und die Möglichkeiten weiterer Forschungen diskutiert.

2 Theoretische Grundlagen für den Einsatz von Podcasts in pädagogischen Kontexten

2.1 Kognitionspsychologische Grundlagen – Konzepte auditiver Wahrnehmung, auditiver Aufmerksamkeit und Informationsverarbeitung

Bereits Donald Broadbent, einer der Vorreiter auf dem Gebiet der Hörforschung, beklagte 1958 „how far the study of hearing by psychologists has lagged behind that of vision" (S.1). Hinsichtlich der Quantität der Veröffentlichungen hat sich daran bis heute wenig geändert. Nicht zuletzt ausgelöst durch die Arbeiten von Broadbent hat die Hörforschung seither dennoch bedeutende Fortschritte gemacht. Das Hören gilt nach dem Sehen als der wahrscheinlich am besten erforschte Sinn (Styles, 2005, S.132).

Die Aufnahme von auditiven Sinneseindrücken unterscheidet sich grundlegend von der visuellen Wahrnehmung. Styles beschreibt unter anderem folgende Unterschiede:

- „You miss something in the visual environment, you can look again to check [...]. The patterns of acoustic vibrations that produce the sounds we recognize in speech [...] are distributed over time. If we miss them we cannot go back and listen to them again." (2005, S.131)
- „If we want to ignore a visual stimulus we can shut our eyes, or look away. However, this is not the case with the auditory environment. [...] We cannot shut our ears or move them around." (2005, S.185)

Diese Besonderheiten der auditiven Wahrnehmung werden im Folgenden näher beschrieben. Sie dienen als Ausgangspunkt für die Entwicklung eines theoretischen Bezugsrahmens für den Einsatz von Podcasts in der Wirtschaftspädagogik.

Phänomene aus dem Alltag des Hörens: Der Cocktail-Party-Effekt
Selbst auf einer lauten Feier und umgeben von vielen anderen sprechenden Personen ist es für zwei Menschen gewöhnlich ohne besondere Anstrengungen möglich, sich zu unterhalten und der Stimme des Gesprächspartners zu folgen (Pashler, 1998, S.37). Aus dieser Beobachtung heraus stellt sich eine Frage: Wie ist es möglich, das Hören auf einzelne Objek-

te oder in einzelne Richtungen der auditiven Umwelt zu richten? Diese Aspekte des Hörens wurden vor allem im Rahmen der Aufmerksamkeitsforschung behandelt. Bevor die Ergebnisse dieses Forschungsfeldes thematisiert werden, sind zunächst dessen zentrale Begriffe Aufmerksamkeit und Konzentration näher zu bestimmen.

Aufmerksamkeit und Konzentration

Es besteht keine allgemein anerkannte Definition der Konstrukte Aufmerksamkeit und Konzentration. Sie werden zum Teil sogar synonym verwendet, was sicherlich auch darin begründet ist, das in der angloamerikanischen Literatur der Terminus „attention" nicht zwischen Aufmerksamkeit und Konzentration differenziert (Imhof, 1995, S.23). Rapp (1982) unterscheidet in Anlehnung an Moray allein sechs Bedeutungen für den Begriff Aufmerksamkeit (S.11-13). Für den Einsatz und die Gestaltung von Audiomedien für das Lernen werden davon drei als besonders wichtig erachtet:

- **Selektive Aufmerksamkeit.** Eine Person ist einem ständigem Strom von Informationen ausgesetzt und muss entscheiden, welche davon weiterverarbeitet werden und wie gegebenenfalls reagiert wird.
- **Aktivierung.**[8] Dieser Zustand der neuro-physischen Wachheit oder Erregung wird auch mit dem angloamerikanischen Terminus „arousal" beschrieben. Eine aktivierte Person ist bereit, (erwartete) Informationen aufzunehmen und sich mit ihnen auseinanderzusetzen.
- **Geistige Konzentration.** Eine Person arbeitet konzentriert, wenn sie alle ihre Tätigkeit möglicherweise störenden inneren und äußeren Reize ausschaltet.

Bereits in diesen Begriffsbestimmungen werden die Termini Aufmerksamkeit und Konzentration nicht klar getrennt. Rapp ist der Meinung, dass aufgrund der engen Verwandtschaft der Begriffe eine eindeutige Trennung nicht endgültig gelingen kann (Rapp, 1982, S.23). Dennoch soll hier der Versuch gemacht werden, die Konstrukte zumindest in eine Beziehung zu setzen.

Im Versuch einer Definition bezeichnet Rapp Aufmerksamkeit als einen „Prozess der Auseinandersetzung mit realen oder vorgestellten Objekten, der durch externe Reizmerkmale (Neuigkeit, Überraschung) oder durch interne Prozesse (Einstellungen, willentliche Ent-

---

[8] Im Verlauf der Untersuchung wird statt des hier verwendeten Begriffs der Aktivierung der Terminus **Aktiviertheit** verwendet, der neben der Aufnahmebereitschaft für Informationen noch einen Kapazitätsaspekt beinhaltet. Die Kapazität ist ein Maß für die Menge der Informationen, die verarbeitet werden können. Sie kann bei unterschiedlich hoher Aktiviertheit unterschiedlich groß sein.

scheidungen) ausgelöst wird und der die Funktion der Auswahl (aus dem Reizangebot), der Intensivierung der realen oder kognitiven Tätigkeiten oder ihrer Produkte hat" (Rapp, 1982, S.21). Dieser Begriff integriert unter anderem die Bedeutung der Aufmerksamkeit für andere psychische und motorische Prozesse (und deren Qualität) sowie die Funktion der Selektion.

Imhof (1995) sieht in der Konzentration ein im Vergleich zur Aufmerksamkeit komplexeres Konstrukt. Konzentration setzt Aufmerksamkeit voraus, zeichnet sich selbst aber durch ein höheres Maß an intentionaler (personaler) Steuerung, eine größere Aktiviertheit[9] und eine höhere Selektivität aus (S.57). Wo Aufmerksamkeit zu Konzentration wird, kann nicht ohne weiteres festgestellt werden. Im Verlauf dieser Untersuchung wird unter dem Hinweis auf bestehende Unterschiede weitestgehend einheitlich der Begriff Aufmerksamkeit verwendet, da wegen des angestrebten „Lernraums Straße" ein Lernen unter Nebentätigkeiten betrachtet wird. Solche Nebentätigkeiten schließen eine hochgradige Selektivität (wahrscheinlich) aus.

Im Folgenden werden in Anlehnung an die oben angeführten Bedeutungen der Aufmerksamkeit wichtige Erkenntnisse der Psychologie vorgestellt, die insbesondere für das Hören wichtig sind.

Auditive Wahrnehmung und Informationsverarbeitung
Eine der ersten empirischen Untersuchungen zu dem Phänomen der selektiven Aufmerksamkeit führte Cherry Anfang der 1950er Jahre durch (Styles, 2005, S.187). Er nutzte dazu eine Technik, die „dichotisches Hören" genannt wird. Dabei wurde den Versuchspersonen über einen Stereokopfhörer an jedes Ohr eine andere Nachricht übermittelt. Die Versuchspersonen hatten nun die Aufgabe, die Nachricht auf dem einen Ohr begleitend nachzusprechen und die andere zu ignorieren (Anderson, 2001, S.76, siehe Abbildung 1). Diese Aufgabe wurde gewöhnlich problemlos ausgeführt. Cherry stellte unter anderem fest, dass die Probanden keine Aussagen zum Inhalt der ignorierten Nachricht machen konnten. Lediglich starke Veränderungen der physikalischen Eigenschaften dieser Nachricht (Geschlecht

---

[9] Prozesse der Aufmerksamkeit und Konzentration beinhalten immer auch eine energetische Komponente. Je höher das Niveau der Aktiviertheit, umso eher kommt es zu Sättigungs- und Ermüdungserscheinungen. Aufmerksamkeit und Konzentration können also nicht unbegrenzt aufrechterhalten werden. In dieser Untersuchung wird auf energetische Prozesse nicht speziell eingegangen, deshalb soll an dieser Stelle darauf hingewiesen werden, dass sie die physiologische Grundlage sämtlicher kognitiver und psychomotorischer Aktivität darstellen.

des Sprechers, Tonhöhe) wurden wahrgenommen (Pashler, 1998, S.39-40). Cherry schloss daraus, dass eine Selektion von Reizen anhand physikalischer Merkmale (z.B. Ort; akustischen Eigenschaften von Stimmen) erfolgt, nicht aber anhand von semantischen Merkmalen (Styles, 2005, S.188).

Abbildung 1: Dichotisches Hören (Styles, 2005, S.188)

Auch Broadbents (1954) führte Experimente zum dichotischen Hören durch. In seinen „split-span"-Studien präsentierte er seinen Versuchspersonen sechs Ziffern. Die Ziffern wurden in drei Paare aufgeteilt (z.B. 8 – 7; 2 – 4; 1 – 9). Über Kopfhörer wurden jeweils simultan eine Ziffer auf dem rechten und eine auf dem linken Ohr eingespielt. Nachdem alle drei Paare präsentiert wurden, sollten die Probanden die Ziffern wiedergeben. Broadbent stellte fest, dass die Trefferquote bei der Wiedergabe aufgeteilt nach dem Kanal (hier: Ohr) deutlich höher war, als im Fall der Wiedergabe nach Ziffernpaaren (also 8, 2, 1 – 7, 4, 9). Er argumentierte, dass die Selektion im Filter nach Kanälen (als idealisierte Form der physikalischen Eigenschaft Ort) erfolgen würde. Die Probanden geben die Ziffernfolge des einen Ohrs wieder, die Ziffernfolge des zweiten Ohr wartet im sensorischen Speicher auf den Abruf (Styles, 2005, S.188). Wenn die Ziffernwiedergabe aber nach Paaren erfolgen soll, erfordert das ein wiederholtes hin- und herschalten zwischen den Kanälen. Diese Kanalwechsel verbrauchen selbst schon Ressourcen im Verarbeitungssystem mit begrenzter Kapazität, was folgerichtig zu einer langsameren und schlechteren Verarbeitung führt (Imhof, 1995, S.64).

Aufbauend auf diesen Forschungsergebnissen entwickelte Broadbent 1958 sein „Flaschenhalsmodell der Aufmerksamkeit" (Abbildung 2). Broadbent integrierte den Aspekt der Reizselektion in einem Gesamtmodell der Informationsverarbeitung (Imhof, 1995, S.62). In diesem Modell erfolgt der Wahrnehmungsprozess auf zwei qualitativ unterschiedlichen Ebenen. Auf der ersten Ebene werden alle eingehenden Reize (parallel) auf ihre physikalischen Eigenschaften hin analysiert und diese Informationen in einem sensorischen Kurzzeitspeicher mit unbegrenzter Kapazität zwischengelagert. Auf der zweiten Ebene werden dann komplexere Eigenschaften (etwa semantische Bedeutungen) der Reize in einem Verarbeitungssystem mit begrenzter Kapazität identifiziert (Driver, 2001, S.56). Die Wahrnehmung wird dort „bewusst". Das Verarbeitungssystem mit begrenzter Kapazität arbeitet streng seriell. Es wird von einem selektiven Filter vor Überlastung geschützt, der die Reizinformationen anhand von physikalischen Eigenschaften vorsortiert. Die limitierte Verarbeitungskapazität der zweiten Stufe bildet den „Flaschenhals" des Modells. Über diese Kapazität hinausgehende Informationen werden blockiert, bis der aktuelle Verarbeitungsprozess abgeschlossen ist (Styles, 2005, S.189). Erst dann können weitere Informationen aus dem sensorischen Speicher abgerufen werden. Da der sensorische Speicher die Reizinformationen aber immer nur wenige Sekunden hält bevor sie verfallen (Imhof, 1995, S.62), ist die Leistungsfähigkeit des Systems eingeschränkt.

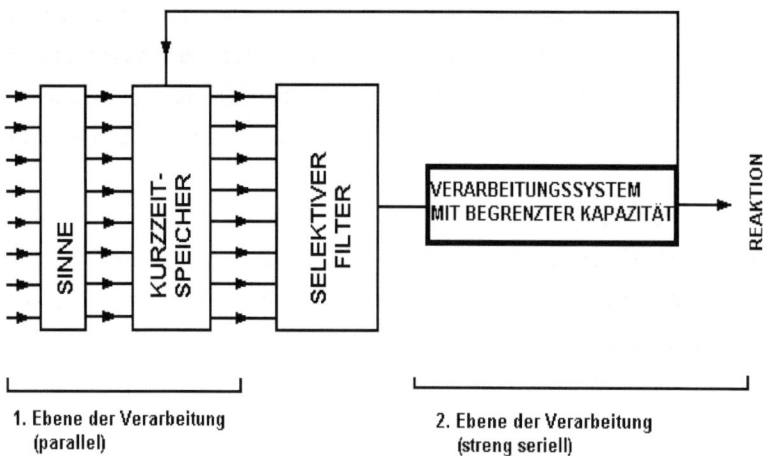

Abbildung 2: Broadbents Flaschenhalsmodell der Aufmerksamkeit (modifiziert und vereinfacht nach Broadbent, 1958, S.299)

Broadbents Arbeiten brachten eine neue Dynamik in die Aufmerksamkeitsforschung und auch weiterhin stand das Hören im Mittelpunkt der Untersuchungen. Das Besondere an Broadbents Modell ist, dass es klare Voraussagen macht. In den Jahren nach seiner Veröffentlichung 1958 wurden viele Experimente durchgeführt, die das Ziel hatten, das Modell zu widerlegen (Driver, 2001, S.56). Schon bald gab es Forschungsergebnisse, die nicht mit den Aussagen des Modells vereinbar waren. So zeigten etwa Studien von Moray (1959), die ähnlich aufgebaut waren wie die Experimente von Cherry, dass Versuchspersonen oft ihren eigenen Namen erkannten, wenn er auf dem unbeachteten Kanal präsentiert wurde. Dies widerspricht aber Broadbents Annahme zur Funktionsweise des selektiven Filters, der Reize allein aufgrund physikalischer Eigenschaften selektiert. Verschiedene weitere Studien bestätigten die Ergebnisse Morays. Vor allem für die Personen besonders relevante Worte scheinen regelmäßig durch den selektiven Filter zu brechen (Styles, 2006, S.22).

Treisman kam bei ihren Untersuchungen Anfang der 1960er Jahren zu ähnlichen Ergebnissen. Demnach können Informationen den selektiven Filter auch durchbrechen, wenn ein Bedeutungszusammenhang zwischen den Nachrichten auf dem beachteten und dem irrelevanten Kanal existiert (Anderson, 2001, S.78). In Reaktion auf diese Ergebnisse entwickelte Treisman ihr abgeschwächtes Filtermodell. Sie nimmt an, dass der Filter die Nachricht auf dem irrelevanten Kanal nicht komplett blockiert sondern nur abschwächt. Ob ein Wort erkannt wird hängt erstens von seiner Bedeutung für die jeweilige Person ab. Diese Bedeutung ist etwa beim eigenen Namen besonders hoch. Zweitens beeinflussen die vorher erkannten Wörter die Identifikationswahrscheinlichkeit. Es werden Wörter erwartet, die im jeweiligen Kontext einen Sinn ergeben (Treisman, 1964, S.14). Die nach diesen Kriterien analysierten abgeschwächten Reize können unter bestimmten Bedingungen den eigentlich zu beachtenden Reizen vorgezogen werden und das Verhalten der Person beeinflussen (Imhof, 1995, S.66). Pashler (1998) gibt zu bedenken, dass dies insbesondere der Fall ist, wenn die Nachricht auf dem beachteten Kanal keinen Sinn ergibt. Das müsse aber nicht zwangsläufig heißen, die Nachricht auf dem nichtbeachteten Kanal würde ständig in der Form analysiert, wie sie Treismans Modell beschreibt (S.49).

In Konkurrenz zu den Modellen von Broadbent und Treisman, die von einer Selektion in einem frühen Stadium der Reizanalyse ausgehen, scheint das Modell der späten Selektion von Deutsch und Deutsch zu stehen. (Imhof, 1995, S.68). Ausgangspunkt ihrer Überlegungen waren unter anderem Studien von Gray und Wederburns (1960) zum dichotischen Hören. Ähnlich wie in der oben beschriebenen Versuchsanordnung von Broadbent wurden in Experimenten den Versuchspersonen drei Itempaare vorgespielt. Allerdings wurde nicht nur mit Ziffern gearbeitet, sondern mit Paaren aus Ziffer und Wörtern (z.B. Dear – 3; 5 – Aunt; Jane – 4). Interessanterweise ordneten die Probanden die Items bei der Wiedergabe bevorzugt nach dem Sinn (Dear, Aunt, Jane – 3, 5, 4), was den Voraussagen von Broadbents Modell widerspricht (Solso, 2005, S.86). Deutsch und Deutsch gehen daher davon aus, dass alle Reize höhere Stufen der Verarbeitung erreichen, auch wenn sie nicht aktiv beachtet werden (Deutsch & Deutsch, 1963, S.82).

Norman entwickelte diesen Ansatz weiter. Seinen Überlegungen zufolge wird die Reizselektion von zwei Mechanismen gesteuert. Der erste Mechanismus verarbeitet alle eingehenden sensorischen Reize und aktiviert automatisch die ihnen zugeordneten (mentalen) Repräsentationen im Langzeitgedächtnis. Der zweite Mechanismus analysiert die vorher eingegangenen Reize auf einer höheren semantischen Ebene. Auf der Grundlage von Erwartungen hinsichtlich sinnvoller Folgereize werden weitere Gruppen von relevanten Repräsentationen aktiviert. Zudem umfasst der zweite Mechanismus eine besondere Verstärkung bestimmter Reizmuster, die für das Individuum eine permanente Bedeutung haben. Bei den eingehenden Reizen, die aufgrund der Aktivierungsprozesse beider Mechanismen am stärksten stimuliert werden, erfolgt eine Weiterverarbeitung (Norman, 1973, S.51-53). Obwohl dieses Modell exzellent Phänomene wie das Aufhorchen beim unerwarteten Hören des eigenen Namens erklären kann, erscheint die Selektion auf einer so späten Stufe des Verarbeitungsprozesses wenig ökonomisch. Es müssen viele irrelevante Reize analysiert werden, bevor der Verarbeitungsprozess fortgesetzt werden kann (Imhof, 1995, S.69).

Die bisher vorgestellten Filtermodelle eignen sich nur wenig zur Erklärung von Mehrfachtätigkeiten mit ihren teilweise sehr unterschiedlichen Interferenzmustern (Wickens, 2002, S.159-160). Nachfolgend wird auf die Besonderheiten eingegangen, die das gleichzeitige Ausführen mehrerer Aufgaben auf die Wahrnehmung und die Informationsverarbeitung erfordert.

Wahrnehmung und Informationsverarbeitung bei Mehrfachtätigkeiten

Mehrfachtätigkeiten sind im Alltag häufig anzutreffen. Allerdings zeigen Erfahrungen des Alltags ebenso, dass Menschen verschiedene Handlungen oft nicht ohne Leistungsverlust gleichzeitig ausführen können. Wie schafft es also ein Autofahrer, zumindest in Situationen ruhiger Verkehrslage, neben seiner fahrerischen Tätigkeit auch noch den Nachrichten im Radio zu folgen? Wie lässt sich Aufmerksamkeit teilen? Einen Lösungsansatz für solche und ähnliche Fragestellungen bietet Kahnemans Kapazitätsmodell.

Kahneman (1973) postuliert in seinem Modell (Abbildung 3) eine begrenzte, unspezifische Verarbeitungskapazität des Menschen. Diese Kapazität lässt sich grundsätzlich auf verschiede Aufgaben verteilen. Sie ist „keine feste Größe, sondern variiert interindividuell und intraindividuell" (Imhof, 1995, S.74). Kahneman integriert in seinem Modell als „a model of mind" (Styles, 2006, S.156) verschiedene Faktoren, die seiner Meinung nach das Angebot und die Verteilung der Aufmerksamkeitskapazitäten beeinflussen. Demnach stellt die Aktiviertheit (Arousal) die wichtigste Determinante für das momentane Kapazitätsangebot dar. Die Aktiviertheit wird von verschiedenen äußeren Faktoren beeinflusst. Dauerhafte Dispositionen, aktuelle Intentionen und vor allem die Beurteilung der kognitiven Anforderungen beeinflussen wiederum die Zuteilung der Kapazität (Trini, 2005, S.16-17).

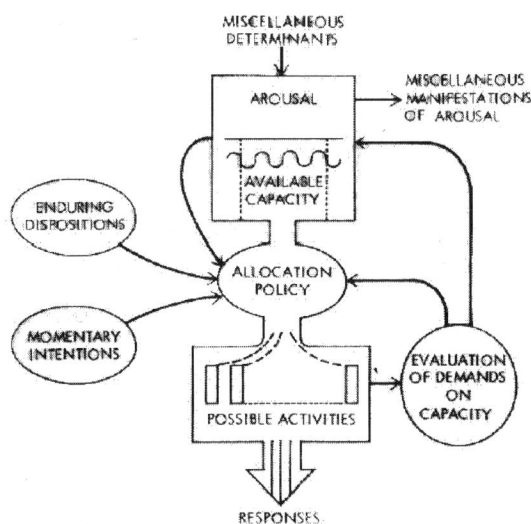

Abbildung 3: Kahnemans Kapazitätsmodell (1973; aus Trini, 2005, S.17)

Kahnemans Überlegungen zufolge ist es aufgrund von Unterschieden in der aktuellen Aktiviertheit durchaus möglich, dass ein Lerner an einer relativ einfachen Aufgabe scheitert, eine schwierigere Aufgabe aber lösen kann - wenn ihm nämlich aufgrund erhöhter Aktiviertheit mehr Verarbeitungskapazität zur Verfügung steht bzw. der Aufgabe mehr Verarbeitungskapazität zugewiesen wird. Aus diesem Prinzip lassen sich Schlussfolgerungen für das Lehren und Lernen ableiten: „Lulled into a pleasant state of drowsiness by his teacher's voice, the schoolboy does not merely fail to pay attention to what the teacher says; he has less attention to pay" (Kahneman, 1973, S.3, zit. in Imhof, 1995, S.75). Grundsätzlich ist es Kahnemans Modell zufolge ohne weiteres möglich, zwei Aufgaben nebeneinander auszuführen. Erst wenn die gesamte verfügbare Verarbeitungskapazität überschritten wird, wirkt sich das negativ auf die Ausführungsqualität einer Aufgabe (oder beider Aufgaben) aus.

Einige empirische Untersuchungen zur Ausführung von Doppelaufgaben, etwa die Studien von Posner und Boies (1971), scheinen die Annahmen und Voraussagen des Modells zu bestätigen (vgl. dazu z.B. Imhof, 1995, S.78-79).

Styles (2006) kritisiert die Modellannahmen Kahnemans allerdings dahingehend, dass eine höhere Aktiviertheit nicht unbedingt immer mit einer höheren Verarbeitungskapazität einhergehen muss. Vielmehr sei ab einem gewissen Aktiviertheitslevel von einer Verminderung der Leistungsfähigkeit auszugehen, da dann verstärkt Ablenkungseffekte auftreten (S.157). Eine überhöhte Aktiviertheit drückt sich z.B. durch starke Angstgefühle oder Stress aus (Imhof, 1995, S.203).

Kahnemans Modell einer zentralen Kapazität eignet sich sicher besser als die Filtermodelle zur Erklärung von Mehrfachtätigkeiten und den damit verbundenen Aufmerksamkeits- und Konzentrationsprozessen. Bestimmte Phänomene lassen sich durch das Modell jedoch nicht vorhersagen. So wies etwa McLeod (1978) nach, dass nicht nur die Wahrnehmung und Verarbeitung von Reizen, sondern auch die Mechanismen zur Reaktion auf diese Reize Einfluss darauf haben, wie erfolgreich Doppelaufgaben ausgeführt werden können. So kann unter Umständen eine manuelle Reaktion (z.B. ein Handzeichen) auf einen Signalreiz den Erfolg einer parallel ausgeführten Aufgabe beeinflussen, während eine sprachliche Reaktion (z.B. ein Signalwort) sich nicht auf die Parallelaufgabe auswirkt (Styles, 2005, S.215-216). Dass ein bestimmter Reiz-Reaktionsmechanismus den Aufgabenerfolg beeinflusst, ein anderer aber nicht, lässt sich mit dem Modell einer einzigen, unspezifischen Kapazität nicht erklären. Navon und Gopher (1979) und Wickens (1980) postulieren daher die Existenz verschiedener spezifischer Ressourcen. Wickens zufolge kommt es zu Interferenzen bei der Ausführung von Mehrfachausgaben, wenn auf der Ebene der Informationsverarbeitung, bei der Wahrnehmung und Reaktion durch eine bestimmte Modalität (visuell, akustisch, motorisch) oder bei der Enkodierung bzw. Dekodierung der Reize auf die gleichen Ressourcen zugegriffen wird. Werden hingegen unterschiedliche Ressourcen beansprucht, wirkt sich das gleichzeitige Lösen mehrerer Aufgaben nicht auf die Bearbeitungsleistung aus (vgl. genauer Wickens, 2002, S.163-167).

Norman und Bobrow (1975) zufolge wird die Leistungsfähigkeit bei der Aufgabenbearbeitung nicht nur durch begrenzte Verarbeitungskapazitäten eingeschränkt (resource-limited), sondern auch von der Qualität der zu verarbeitenden Daten (Styles, 2005, S.214). Bei solchen datenbegrenzten (data-limited) Prozessen wird die maximale Leistung bereits mit dem Einsatz eines Teils der Kapazitäten erreicht (Wickens, 2002, S.161). Zum Beispiel kann ein Mensch akustische Signale außerhalb seines Hörbereichs nicht verarbeiten, ganz gleich wie viel er von seiner zentralen Verarbeitungsfrequenz auch einsetzt. Akustische Signale innerhalb des menschlichen Hörbereichs werden hingegen zumeist zuverlässig und unter geringem Kapazitätseinsatz verarbeitet (Imhof, 1995, S.81).

Effizienz und Kontrolle von Wahrnehmung und Informationsverarbeitung – Auswirkungen von Lernprozessen

Posner und Snyder (1975) unterscheiden in einer „two-process-theorie of attention" zwischen automatisierten und bewusst kontrollierten Prozessen. Demnach sind automatisierte Prozesse meist das Ergebnis intensiven Lernens bzw. Übens. Sie sind nicht intentional gesteuert und erfordern keine Verarbeitungskapazität. Bewusst kontrollierte Prozesse hingegen erfordern Aufmerksamkeit und nehmen damit Verarbeitungskapazität in Anspruch (S.81-82). Als Beispiel lässt sich die Metapher des Autofahrers heranziehen. Während ein geübter Fahrer sich bei einem Routinemanöver wie dem Bremsen an einer roten Ampel und dem Anfahren, wenn die Ampel auf grün schaltet, problemlos mit seinem Beifahrer unterhalten kann, fällt einem Fahranfänger das ungleich schwerer. Er muss sich auf viele Einzelvorgänge konzentrieren wie kuppeln, bremsen und schalten. Beim geübten Fahrer laufen diese Prozesse automatisch ab. Auch wenn der Annahme von Posner und Snyder, automatisierte Prozesse nähmen überhaupt keine Aufmerksamkeit und Verarbeitungskapazität in Anspruch, nicht zugestimmt werden kann, so ist es offensichtlich, dass sie dies in erheblich geringerem Maße tun.

Shiffrin und Schneider (1977) untersuchten, wie sich die Automatisierung von Informationsverarbeitungsprozessen gestaltet. Ihren Annahmen zufolge sind automatische Prozesse dadurch gekennzeichnet, dass sie regelmäßig durch einen speziellen Reiz ausgelöst werden. Sie bedürfen zudem weder bei ihrer Aktivierung noch bei ihrer Durchführung der aktiven Steuerung oder der Aufmerksamkeit der Person. Automatisierung von Prozessen kann durch intensives Üben erreicht werden (Schneider & Chein, 2003, 526-527). Shiffrin und Schneider führten eine experimentelle Untersuchung ihrer Annahmen durch und konnten diese weitgehend bestätigen. Sie stellten in diesem Zusammenhang auch fest, dass es den Probanden äußerst schwer fiel, einmal automatisierte Prozesse in einer veränderten Situation (neue Aufgabenstellung) anzupassen. Hier störte die Automatisierung, die sonst eine interferenzfreie Bearbeitung mehrerer Aufgaben erst ermöglicht, eine kontrollierte Bearbeitung der neuen Aufgabe. Automatische Prozesse haben kontrollierten Prozessen gegenüber den Vorteil der geringeren Inanspruchnahme von Kapazitäten, gleichzeitig besitzen sie aber eine viel geringere Flexibilität (Schneider & Chein, 2003, 527-531).

Schlussfolgerungen aus den psychologischen Konzepten zur Wahrnehmung, Aufmerksamkeit und Informationsverarbeitung
Es kann festgehalten werden, dass keines der vorgestellten Modelle alle Phänomene der Wahrnehmung und Verarbeitung von Sinneseindrücken zufriedenstellend erklären kann. Friedman und Polson (1981) sind der Ansicht, das menschliche System zum Verarbeiten von Sinneseindrücken sei „highly adaptive and [...] individuals have at their disposal a large number of alternative means for achieving succesful performance on any particular task" (S.1038-1039, zit. in Imhof, 1995, S.99). Die Anpassung wird dabei sowohl von der Aufgabenstellung als auch von den spezifischen Aufgabenbedingungen determiniert. Die Unterschiede in den Forschungsergebnissen zum dichotischen Hören von Broadbent sowie Gray und Wederburns lassen sich damit erklären, dass das Gehörte gruppiert wird, um so ökonomisch wie möglich eine optimalen Leistung zu erbringen. Im Fall von Broadbents Experiment (nur Ziffernpaare) wurde nach dem physikalischen Merkmal Ort gruppiert. Bei Gray und Wederburns (Ziffern und Wörter) hingegen erfolgte die Gruppierung nach Sinneinheiten, was dort möglicherweise die effizientere Strategie darstellte (Solso, 2005, S.86). Auch Phänomene bei der Ausführung von Mehrfachaufgaben lassen sich zum Teil

mit Modellen einer strategischen Kontrolle erklären. Wenn einer Aufgabe durch die Aufgabenstellung eine eindeutige Priorität eingeräumt wird, wirkt sich dies unter Umständen negativ auf die Leistung bei der Bearbeitung der anderen Aufgabe aus (Styles, 2006, S.170). Im nächsten Abschnitt wird näher auf die Bedeutung von solchen sogenannten „top-down" Prozessen eingegangen. Aus jedem der vorgestellten Modelle und Ansätze lassen sich verschiedene Erkennisse ableiten, die von Bedeutung für die Frage sind, ob sich das Lernen mit Podcasts als ein „Lernen auf der Straße" überhaupt umsetzen lässt. Die Filtermodelle geben vor allem Aufschluss über Selektionsprozesse im Wahrnehmungsprozess. Eine solche Reizselektion ist für den „Lernraum Straße" von noch größerer Wichtigkeit als für den Lernraum „Klassenzimmer". Kahnemanns Kapazitätsmodell und die Ressourcenmodelle weisen auf die begrenzten Verarbeitungskapazitäten des Menschen hin und darauf, welche Faktoren die Verteilung dieser Kapazitäten auf verschiedene Aufgaben beeinflussen. Auch diese Erkenntnis ist für das „Lernen unterwegs" entscheidend, da mobiles Lernen beinahe zwangsläufig Nebentätigkeiten mit sich bringt. Schließlich geben die Arbeiten von Norman und Bobrow, Posner und Snyder sowie Shiffrin und Schneider Hinweise darauf, wie die begrenzten Verarbeitungskapazitäten optimal genutzt werden können. Die wichtigsten Erkenntnisse sollen nachfolgend noch einmal festgehalten werden.

- **Selektionsmechanismen.** Die Selektion von auditiven Reizen, insbesondere aber von Sprache, kann anhand verschiedener physikalischer oder semantischer Merkmale erfolgen. Physikalische Merkmale der Sprache haben sich bei Filterprozessen als besonders effizient erwiesen, solange die zugehörige Nachricht für den Hörer sinnvoll ist. Podcasts, die über einen MP3-Player aber auch über andere Abspielgeräte (z.B. Autoradio) gehört werden, haben gewöhnlich eine natürliche Dominanz gegenüber anderen auditiven Reizen und eignen sich deshalb für diese Art der Selektion.

- **Kapazität.** Der Mensch verfügt über variable, aber insgesamt begrenzte Kapazitäten zur Aufnahme und Weiterverarbeitung von Reizinformationen. Insbesondere wenn das Verarbeitungssystem durch Mehrfachtätigkeiten belastet ist, stellt das besondere Anforderungen an die Gestaltung von Aufgaben, um die gewünschte Verarbeitungsleistung zu erreichen. Auch Podcasts, deren Einsatz mit dem Ausführen von Nebentätigkeiten vereinbar sein soll, bedürfen daher einer speziellen, sprachlich und strukturell angepassten Gestaltung.

- **Qualität.** Bezüglich der technischen Anforderungen sollten Podcasts gewisse Mindestanforderungen erfüllen, welche die Ressourcenanforderungen bei datenlimitierten Verarbeitungsprozessen minimieren (Klarheit, geringe Hintergrundgeräusche etc.). Solche Qualitätsstandards beeinflussen damit auch die Aspekte der Selektion und Kapazität positiv.

- **Automatische Prozesse.** Die in diesem Abschnitt angesprochenen Lern- und Automatisierungsprozesse haben nichts mit dem Lernen im pädagogischen Sinn zu tun. Sie beschreiben vielmehr die Tätigkeiten, die wegen ihrer geringen Beanspruchung von Verarbeitungskapazitäten gleichzeitig das Lernen mit Podcasts ermöglichen.

2.2 Von der Psychologie des Hörens zur Pädagogik des Zuhörens

2.2.1 Vom Hören zum Zuhören

Styles (2005) betont, „the interaction between sensory data and stored knowledge is an essential process in cognitive psychology. [...] The distinction beween *bottom-up* sensory driven processing and *top-down* knowledge-driven processing is involved in many cognitive explanations and is central to understand the realationship between attention, perception and memory" (S.12). Obwohl sich die oben skizzierten Konzepte der Wahrnehmung und Informationsverarbeitung weitgehend mit bottom-up-Prozessen beschäftigen, wurde an verschiedenen Stellen (z.B. bei Kahnemans Modell der zentralen Kapazität) bereits der Einfluss von top-down-Prozessen deutlich. Insbesondere in Modellen, welche die höheren Ebenen der Sprachwahrnehmung und -verarbeitung thematisieren, wird auf die Wichtigkeit bestehender Gedächtnisstrukturen für die Konstruktion von Bedeutungen hingewiesen.

Die Konstruktivität des Zuhörens

Dieser konstruktive Charakter der Sprachwahrnehmung lässt sich anschaulich am sogenannten Phonemergänzungseffekt[10] („phonemic restoration") verdeutlichen. Warren und Warren (1970) präsentierten in einer Studie ihren Probanden verschiedene Sätze in gesprochener Form (S.32).

---

[10] Ein Phonem ist die kleinste sprachliche Einheit, die bedeutungsändernd wirkt, selbst aber keine Bedeutung trägt (z.B. b in Bein im Unterschied zu p in Pein).

It was found that the *eel was on the axle.
It was found that the *eel was on the shoe.
It was found that the *eel was on the orange.
It was found that the *eel was on the table.

Dabei wurde jeweils ein Phonem (gekennzeichnet durch *) durch ein lautes Husten ersetzt. Die Probanden gaben an, je nach Kontext, wheel, heel, peel oder meal gehört zu haben. Bemerkenswert ist vor allem, dass die Sätze bis zum kritischen Wort exakt gleich sind. Eine kontextabhängige Identifikation kann also nicht nur von vorangehenden, sondern auch von nachfolgenden Wörtern determiniert werden (Anderson, 2001, S.65).

Auch die Interpretation von mehrdeutigen Wörtern wie etwa „Hahn" setzt einen Abgleich mit vorhandenen Gedächtnisstrukturen voraus, der die im Kontext unzutreffende Bedeutungen ausschließt. So wird beim Satz „Der Hahn kräht" die Wortbedeutung Wasserhahn verschwinden (Hasebrook, 1995, S.79). Die Frage, ob kognitive Prozesse der Wahrnehmung und Bedeutungskonstruktion von „bottom-up"-Prozessen dominiert werden oder von top-down-Prozessen, ist umstritten. Beide Positionen haben sich für die Betrachtung und Erklärung verschiedener Phänomene des Textverstehens als fruchtbar erwiesen, sie sind zum Teil sogar komplementär (Hasebrook, 1995, S.79).[11]

Für die Annäherung an die Determinanten und Wirkungsweisen von Lernprozessen (im pädagogischen Sinne), die auf auditiver Wahrnehmung basieren, ist es notwendig, beide Positionen gewissermaßen zu vereinen. So lassen sich die bisher betrachteten Prozesse eines vornehmlich reizgesteuerten Hörens zum „Zuhören" weiterentwickeln.

Das Zuhören integriert Prozesse der auditiven Wahrnehmung, der selektiven Aufmerksamkeit, des Gedächtnisses und des Aufbaus mentaler Repräsentationen (Imhof, 2004, S.6). In Anlehnung an Berg und Imhof (1996) werden verschiedenen Charakteristika herausgestellt, die das Zuhören vom Hören unterscheiden:
- **Intention zu Selektion.** Während Selektionsprozesse beim Hören vorwiegend unbewusst und reizgesteuert arbeiten, geht es beim Zuhören um die intentionale und aktive Aufnahme und Verarbeitung von Informationen einer Botschaft.

---

[11] Auf Charakteristika des Textverstehens wird im späteren Verlauf der Untersuchung noch einmal näher eingegangen (vgl. Abschnitt 3.1).

- **Veränderung bestehender kognitiver Strukturen.** Beim Zuhören werden neue Informationen in die vorhandenen Wissensbestände und Gedächtnisstrukturen integriert.
- **Aktive Konstruktion von Wissen.** Zuhören erfordert eine aktive und kritische Auseinandersetzung des Rezipienten mit dem Gehörten unter Einbeziehung des eigenen Vorwissens.

Außerdem betont Imhof (2004) den Einfluss der situationalen Bedingungen auf das Zuhören (S.27). Neben den verschiedenen „objektiven" Größen (Sender, Umwelt) determinieren auch subjektive Faktoren wie Ziele und Erwartungen des Zuhörers eine besondere Bedeutung für den Zuhörprozess. Wie sich unterschiedliche Zuhörsituationen[12] auf die Qualität des Zuhörens auswirken können, lässt sich anhand eines Beispiels verdeutlichen. Rost (1990) unterscheidet Zuhörsituationen nach der Rolle des Zuhörers. In einer Diskussionssituation kann ein Zuhörer jederzeit aktiv werden, lauscht der Zuhörer jedoch einem Vortrag, hat er nur wenig Einflussmöglichkeiten (S.5). Die unterschiedlichen Rollen können das Bestreben des Zuhörers beeinflussen, der eingehenden Botschaft zu folgen. Da von einem Diskussionspartner ständig erwartet wird, dass er einen Beitrag leistet, ist für ihn aufmerksames Zuhören unbedingt notwendig. Beim Vortragsbesucher ist das nicht der Fall. Hier müssen andere Faktoren den Zuhörer „fesseln".

Das Verhältnis von Zuhören und Lernen
Die vorgestellten Charakteristika des Zuhörens weisen eine augenfällige Ähnlichkeit zu konstruktivistischen Positionen der Lehr-Lern-Forschung auf. Lernen ist demnach ein konstruktiver Prozess, der kognitive und psychomotorische, aber auch emotionale und volitive Prozesse umfasst (Klauser, 1998a, S.286). Die Lerner interpretieren dabei wahrnehmungsbedingte Erfahrungen in Abhängigkeit von ihrem Vorwissen. In einem aktiven Prozess werden dabei vorhandene Wissensbestände verändert bzw. neues Wissen und Können wird generiert (Klauser, 1998b, S.276). Lernen ist „in hohem Maße situiert. Das heißt, dass soziale, gegenständliche und historische Kontextfaktoren die Anwendbarkeit von Wissen entscheidend mitbestimmen" (Wirth, 2006a, S.32). Der Lerner wird das Gelernte nur dann verstehen und einsetzen, wenn er dessen Nutzen kennt und dieser Nutzen für ihn von Be-

---

[12] Grundsätzlich umfasst eine Zuhörsituation einen Sender, der eine Nachricht übermittelt und nachfolgend Sprecher genannt wird, einen Rezipienten, der die Nachricht empfängt und nachfolgend Zuhörer genannt wird, sowie die Umwelt, in welcher der Zuhörprozess stattfindet (Imhof, 2003, S.29). Der Begriff Sprecher repräsentiert auch asynchrone Kommunikations- und Lehrmedien wie Podcasts.

deutung ist. Demzufolge sind Wissen und Kontext untrennbar miteinander verbunden (Prenzel & Mandl, 1993, S.315).

Alle diese Aspekte des Lernens sind auch für den Zuhörprozess entscheidend. Lernen und Zuhören scheinen in einem besonderen Verhältnis zu stehen. In diesem Buch wird der Standpunkt vertreten, dass richtiges Zuhören als komplexes Konstrukt verschiedener Teilfertigkeiten[13] gezielt gefördert werden kann (vgl. z.B. Hagen, 2004, S.10). Klauser (2002) betont, dass Fertigkeitsentwicklung „den Transfer von Wissen und Können" begünstigt (S.296). Im Folgenden wird darauf eingegangen, warum dies auch und im Besonderen für Zuhörfertigkeiten zutrifft und welche Schlussfolgerungen sich daraus für Schule, Aus- und Weiterbildung ziehen lassen.

2.2.2 Das Zuhören - Implikationen für das Lehren und Lernen

Ähnlich wie im Bereich der Wahrnehmungspsychologie lässt sich auch im Bereich der Pädagogik und der pädagogischen Psychologie eine Unterrepräsentation der Forschungsarbeiten zum Lernen mit auditiven Medien im Vergleich zu visuellen Medien feststellen. So stellt unter anderem Weidenmann (1996) fest, dass "der Wissenserwerb durch akustisch-verbal codierte Lernangebote in Relation zu seiner Bedeutung im Lernalltag" nur wenig untersucht wurde (S.340). Vor allem im Bereich der schulischen Spracherziehung wird deutlich, dass die mündliche Kommunikation und insbesondere das Zuhören in der Bildung die Rolle eines „Stiefkindes" einnimmt. Der weitaus größte Teil der Unterrichtszeit wird hier dem Schreiben gewidmet, erst darauf folgen Lesen, Sprechen und Zuhören (Imhof, 2003, S.9). Es wird als selbstverständlich vorausgesetzt, dass Schüler Zuhörfertigkeiten besitzen (Hagen, 2006, S.23). Gleichzeitig klagen Lehrer und Eltern über unkonzentrierte und unaufmerksame Schüler, die „nicht richtig zuhören" *können* (Kahlert, 2000, S.9-10). Zuhörfertigkeiten scheinen also mitnichten eine Selbstverständlichkeit zu sein. Im Anschluss sollen die Fragen diskutiert werden, warum Zuhörfertigkeiten so wichtig sind, wie sie gefördert und entwickeln werden können und welche Rolle dabei Podcasts spielen können.

---

[13] Fertigkeiten sind in diesem Zusammenhang von den oben beschriebenen automatischen Prozessen zu unterscheiden. Sie sind vielmehr im Sinne von „routinisierten Denk und Handlungsvollzügen (mit automatisierten Komponenten)" zu verstehen, die zwar Bewusstseinsprozesse entlasten, bei denen „die Möglichkeit der bewussten Kontrolle und Steuerung aber bestehen bleibt und bei Störungen unmittelbar aktiviert wird" (Klauser, 1999, S.311).

Die Bedeutung des Zuhörens

Während in der Literatur immer wieder die Dominanz des Sehens gegenüber dem Hören und Zuhören betont wird (z.B. Hagen, 2006, S.14) weist Jörg darauf hin, dass das Hören bei der geistigen Entwicklung des Menschen eine besondere Rolle spielt. Nach der Geburt eines Menschen ist es der am weitesten entwickelte Sinn. In dieser frühen Lebensphase hat die auditive Wahrnehmung eine überragende Bedeutung für das Kind. Neugeborene „hören" ihre Umwelt, seien es die alltäglichen Geräusche der heimischen Wohnung oder die liebevollen Stimmen von Mutter und Vater. In dieser ersten, noch passiven kommunikativen Interaktion mit anderen Menschen sieht Jörg (2000) „eine Grundvoraussetzung für die Entwicklung der eigenen Sprachfertigkeit" (S.72), da es zunächst die einzige Möglichkeit darstellt, sich gezielt mit Informationen zu versorgen (Imhof, 2004, S.9). Zuhörfertigkeiten gelten in den folgenden Lebensphasen als Grundvoraussetzung für den Erwerb von Lese- und Schreibfertigkeiten (Kahlert, 2000, S.9). Nicht nur aufgrund ihrer Bedeutung für die Sprachentwicklung mahnt Hagen (2006) die Verantwortung der Schule für die notwendige Entwicklung der Zuhörfertigkeiten an (S.14-15). Zuhören bildet zusammen mit dem Sprechen die zwei Seiten der mündlichen Kommunikation. Ohne richtiges Zuhören kann Kommunikation nicht gelingen (Hagen, 2004, S.16). Wolvin und Coakley (1996) sind sogar der Meinung, dass der Zuhörer für das Gelingen der Kommunikation mindestens die Hälfte der Verantwortung trägt (Imhof, 2004, S.33). Mündliche Kommunikation aber spielt in vielen Bereichen des Lebens eine herausragende Rolle, sei es in Berufen verschiedenster Bereiche (Verkauf, Beratung, Medien, Management) oder einfach im täglichen privaten Umgang der Menschen miteinander (Imhof, 2004, S.9). Auch im Bildungsbereich hängt der Erfolg von Lernprozessen in hohem Maße davon ab, dass Lehrer und Lerner einander richtig zuhören (Kahlert, 2000, S.8). Besonders für konstruktivistische Lernkonzepte mit ihrem Schwerpunkt des Wissenserwerbs über Präsentationen und Diskussionen ist dieser Aspekt wichtig (Weidenmann, 2000, S.124) Eine Schule, die für das Leben ausbildet, sollte sich daher der Entwicklung von Zuhörfertigkeiten verpflichtet fühlen. Auch die betriebliche Aus- und Weiterbildung und die universitäre Lehre tragen diesbezüglich Verantwortung.

Entwicklungsmöglichkeiten von Zuhörfertigkeiten im Rahmen von konstruktivistischen Lernumgebungen

In der lehr-lern-theoretischen Forschung wird bei der Gestaltung einzelner Lernsequenzen nach konstruktivistischen Prinzipien das Sequenzierungsprinzip konkret-abstrakt-rekonkret präferiert (Tramm, 1996, S.294). Der Situiertheit des Lernens Rechnung tragend soll der Lerner zunächst anhand einer konkreten, realitätsnahen Problemstellung zu selbständigen Lernaktivitäten angeregt werden (Klauser, 1998a, S.287). Im Sinne eines generativen Problemlösens konstruiert der Lerner sein Wissen während der Problembearbeitung (Wirth, 2006a, S.33). Die Lernsequenz sollte dem Lerner dann die Möglichkeit bieten, über sein eigenes Handeln zu reflektieren (Achtenhagen, 2001, S.372). Die eingesetzten Problemlösestrategien sind bis jetzt noch an die konkrete Lernsituation gebunden. In einer Phase der Metakognition abstrahiert der Lerner von der speziellen Situation, um das erlernte Wissen zu flexibilisieren (Prenzel & Mandl, 1993, S.319). Schließlich wird dieses Wissen zur Lösung einer neuen Problemsituation rekonkretisiert (Tramm, 1996, S.291).

Wie schon angesprochen sind gewisse Zuhörfertigkeiten Voraussetzung und integrativer Bestandteil konstruktivistischer Lernumgebungen. Für die Entwicklung dieser Fertigkeiten sind Übung und Anwendung „einerseits notwendige, andererseits aber keinesfalls hinreichende Komponenten" (Klauser, 2002, S.295). Besonders wichtig für eine effektive Fertigkeitsentwicklung ist eine umfassende Reflektion. Innerhalb des oben beschrieben Lernprozesses bekommen die Phasen der Metakognition eine zusätzliche Bedeutung. Neben der Reflexion über den Lernprozess bezüglich des neu konstruierten inhaltlichen Wissens und der verwendeten Problemlösestrategien sind zusätzlich die verschiedenen (Zuhör-) Fertigkeiten zu berücksichtigen und zu thematisieren (Klauser, 2002, S.295). Dies setzt allerdings voraus, dass die Lehrenden, welche die Lernumgebung gestalten und den Lernprozess begleiten, ein umfangreiches Wissen über das Zuhören besitzen und es entsprechend nutzen (Imhof, 2003, S.230). Vor allem im Bereich der Kommunikationswissenschaften existieren viele praxisorientierte Ansätze, die den Lehrenden möglicherweise Anregungen bieten, wie konstruktivistische Lernumgebungen mit Hinblick auf die Entwicklung von Zuhörfertigkeiten didaktisch-methodisch ausgestaltet werden könnten.

Imhof (2003) stellt einige solcher praxisorientierten Ansätze zur Förderung von Zuhörfertigkeiten vor (S.215-30). Die meisten dieser Trainings basieren auf kommunikationswissenschaftlichen Erkenntnissen oder auf praktischen Erfahrungen aus verschiedensten Anwendungsbereichen, wurden allerdings empirisch kaum überprüft. Bei allen Konzepten wird versucht, „dem Zuhörer die Struktur von Sprache und Sprechen bewusst zu machen, sowohl hinsichtlich der inhaltlichen als auch der lautlichen und rhetorischen Merkmale" (Imhof, 2003, S.229-230). Sie sind vor allem deswegen kritisch zu betrachten, weil die Zuhörfertigkeiten weitgehend losgelöst von fachlichen Inhalten vermittelt werden sollen. Klauser (2000) gibt zu Bedenken, dass ohne fachlich-inhaltliche Grundlagen „Lernziele und Inhalte der höheren Ebenen das Merkmal der Beliebigkeit erhalten" (S.347). Nur wenn Lerner mit subjektiv und objektiv bedeutsamen Problemstellungen aus der Alltagswelt konfrontiert werden, können sie den Nutzen des Lernens erkennen. Dies ist wiederum eine wichtige Voraussetzung für die Herausbildung von Interesse und einer positiven Lernmotivation (Bogaschewsky, Hoppe, Klauser, Schoop & Weinhardt, 2002, S.12, vgl. Abschnitt 2.3). Durch eine in die fachlich-inhaltliche Arbeit integrierte Fertigkeitsentwicklung können die Erkenntnisse der Kommunikationswissenschaften genutzt werden, ohne dass die Lernziele und Inhalte für den Lerner beliebig erscheinen (Imhof, 2003, S.230; Klauser, 2000, S.347). Für die Gestaltung von Lernumgebungen stellt sich nun die Frage, wie eine integrierte Fertigkeitsentwicklung konkret didaktisch-methodisch umgesetzt werden kann.

In Hinblick auf die Problematik der praktischen Umsetzung der Zuhörförderung sowie ihrer Integration in fachliche Inhalte bieten Podcasts als modernes, rein audiobasiertes Medium bestimmte Potenziale.

- **Fokussierung der Sprachrezeption.** Obwohl das Zuhören nicht nur in Bildungssituationen, sondern auch im Beruf und im Alltag eine ebenso wichtige Rolle spielt wie das Sprechen, wird die Förderung von Zuhörfertigkeiten regelmäßig in sämtlichen Bildungseinrichtungen vernachlässigt. Im traditionellen Unterricht konzentrieren sich die vom Lehrenden geplanten Prozesse zur Sprachentwicklung beinahe ausschließlich auf sprachproduktive Aktivitäten (Schreiben, Sprechen). Aufgrund der Dualität der Sprache sollte die sprachrezeptive Seite der Kommunikation stärker akzentuiert werden. Podcasts bieten sich als rein audiobasierte Lehrmedien für die Gestaltung von solchen Lernprozessen an, welche die Entwicklung von sprachrezeptiven Können (Zuhörfertigkeiten) fokussieren. Während in beinahe allen anderen Lernumgebungen visuelle Medien eine zentrale Rolle spielen, muss sich Lernen mit Podcasts notwendigerweise auf ein „Lernen durch Zuhören" konzentrieren.

- **Integrative Potenziale.** Häufig klagen Lehrende mit Hinblick auf den stofflichen Umfang des Lehrplanes über mangelnde zeitliche Spielräume. Es wird beklagt, dass es kaum Gelegenheit gebe, die Entwicklung von Fähigkeiten und Fertigkeiten im Rahmen von für den Lerner subjektiv bedeutsamen Kontexten zu fördern und die Lernprozesse gleichzeitig umfassend theoriegeleitet zu reflektieren. Daher wird die praktische Relevanz des Gelernten oft nur angedeutet und das Lernen erfolgt auf einer sehr theoretischen Ebene. Podcasts bieten diesbezüglich die Möglichkeit, Prozesse zur Fertigkeitsentwicklung in authentische Kontexte zu integrieren. Dadurch können Präsenzlernphasen nicht nur entlastet werden. Vielmehr können Podcasts möglicherweise Ansatzpunkte für neue und effektive didaktische Gesamtkonzepte bieten. Beispielsweise wären Lernsequenzen nach dem Prinzip konkret-abstrakt-rekonkret denkbar, in denen Podcasts als erstes konkretes Element den didaktischen Ausgangspunkt für sämtliche Lernaktivitäten bilden.
- **Hebelwirkungen.** Wenn durch den Einsatz von Podcasts kommunikative Fertigkeiten insbesondere auf Seite der Sprachrezeption verbessert werden können, wirkt sich das positiv auf sämtliche Prozesse der Kommunikation aus. In Folge dessen lassen sich Effektivitätssteigerungen in handlungsorientierten und konstruktivistischen Lernumgebungen erwarten, in denen kommunikationsbasierte Lernprozesse wie Präsentieren und Diskutieren besonders betont werden.

Gleichzeitig unterliegen Podcasts aber auch einigen Beschränkungen.
- **Mangelnde Reichhaltigkeit.** Zuhörfertigkeiten sind nicht nur auf auditive Wahrnehmung beschränkt. In vielen Zuhörsituationen können etwa Mimik und Gestik des Gesprächspartners von entscheidender Bedeutung sein, um seine sprachliche Botschaft richtig zu interpretieren. Podcasts können diese visuelle Dimension nicht bieten.
- **Keine Interaktionsmöglichkeiten.** Charakteristisch für viele Kommunikationssituationen ist der schnelle Wechsel zwischen der Rolle des Zuhörers und des Sprechers. Hier können Unsicherheiten über das Gehörte durch gezielte Fragen ausgeräumt werden. Gleichzeitig erarbeiten sich die Gesprächspartner über Enkulturation eine gemeinsame Sprache, die späteres Zuhören und eine richtige Interpretation erleichtert. Solche komplexen Prozesse lassen sich mit Podcasts nicht rekonstruieren.

Außerdem stellt audiobasiertes Lernen mit seinen Besonderheiten, insbesondere unter Berücksichtigung des Ausführens von Nebentätigkeiten, besondere Anforderungen an die sprachliche, die strukturelle aber auch die inhaltliche Ausgestaltung.

2.3 Didaktische Umsetzung – Storytelling als Möglichkeit eines Einsatzes von Podcasts im Rahmen von Blended Learning

Weidenmann (1997) identifiziert im Wesentlichen drei Funktionen audiobasierter Lernmedien (S.423):

- **Selbstinstruktionsmedien für Privatnutzer.** Hier sind die Audiomedien die Hauptinstruktionsmedien. Sie werden gegebenenfalls durch Printmedien ergänzt. Klassisches Beispiel hierfür sind Sprachlernprogramme. Aber auch verschiedene Kommunikationstrainings basieren auf Audiomedien.
- **Vor- und Nachbereitungsmedien.** In institutionalen Bildungsangeboten (Seminaren etc.) wird über Audiomedien Grundlagenwissen zu behandelten Themenbereichen vermittelt. So lassen sich zum Beispiel Rhetorik-Seminare durch Audioangebote ergänzen.
- **Motivationsmedien.** Lerner sollen über ein interessantes Audioangebot zur Teilnahme an Bildungsangeboten gewonnen werden.

Im Rahmen des hier diskutierten Lernansatzes mit integrierter Fertigkeitsentwicklung nach dem Sequenzierungsprinzip konkret-abstrakt-rekonkret scheiden Podcasts als alleiniges Instruktionsmedium aus. Metakognitive Phasen erfordern oftmals (insbesondere bei Lernern, die selten selbstorganisiert arbeiten) instruktionale Unterstützung durch den Lehrenden oder zumindest eine Diskussion mit anderen Lernern. Für ein tieferes inhaltliches Verständnis eines Themas sollte sich der Lerner mit unterschiedlichen Lernmaterialien auseinandersetzen. Podcasts allein können das nicht leisten. Sie bieten aber die Möglichkeit, sowohl die Funktion als Vor- und Nachbereitungsmedien als auch die Funktion als Motivationsmedien gleichzeitig zu erfüllen. Dabei sollte ihr Zweck über eine reine Ergänzung des Lehrangebots hinausgehen.

Einsatz von Podcasts im Rahmen von Blended Learning
Um die Potenziale von Podcasts effektiv zu nutzen, bietet sich ein Einsatz im Rahmen eines integrativen Blended Learning-Konzeptes an.

Blended Learning bedeutet übersetzt einfach „vermischtes Lernen" (Reinmann-Rothmeier, 2003, S.29). Es ist der Versuch, sowohl die didaktisch-methodischen Potenziale von traditionellen Lernformen als auch die Vorteile des Lernens und Lehrens mit neuen Medien zu nutzen. Dies soll durch eine Kombination von Präsenzveranstaltungen und virtuellen Lernphasen erreicht werden (Mandl, Kopp & Dvorak, 2004, S.58). Allerdings reicht es dabei nicht aus, diese Abschnitte lediglich additiv aneinanderzureihen (Reinmann-Rothmeier, 2003, S.29). Um ein optimales Lernergebnis zu erreichen, müssen vielmehr die verschiedenen Lernphasen in einem didaktisch-methodischen Gesamtkonzept integriert werden (Tiemeyer, 2005, S.78-79). Für einen Erfolg von Blended Learning betont Tiemeyer (2005) auch hier die Bedeutung der „Fortbildung der Lehrkräfte" und stellt außerdem die Notwendigkeit einer „Veränderung der Lernkulturen" heraus (S.78).

Storytelling als Lehr-Lern-Methode
Wenn unter Einbezug der oben erarbeiteten Erkenntnisse nach didaktisch-methodisch sinnvollen Möglichkeiten eines Einsatzes von Podcasts gesucht wird, stößt man relativ schnell auf das Instrument des „Storytelling". Menschen verdeutlichen schon seit jeher selbst komplexe Sachverhalte, indem sie sich Geschichten erzählen. Geschichten sind integraler Bestandteil der mündlichen Kommunikation, sie sind in Kinderzimmern ebenso beliebt wie in den Kaffeeküchen erfolgreicher Unternehmen (Thier, 2006, S.2). Sowohl in der Lehr-Lern-Forschung als auch im Bereich des Wissensmanagements werden momentan wieder die Potenziale von Storytelling für Lernprozesse diskutiert. In der Diskussion wird dabei sowohl die Möglichkeit thematisiert, spezielle Fachinhalte durch Geschichten zu vermitteln, als auch die Möglichkeit kommunikative Fertigkeiten durch Storytelling zu fördern. So weisen etwa Reinmann und Vohle (2005) in diesem Zusammenhang auch auf die besondere Beziehung von Erzählen und Zuhören hin (S.13). Aus diesen Gründen scheint Storytelling ein vielversprechender Ansatz für eine didaktisch-methodische Ausgestaltung von Podcasts zu sein.

Nach Wirth (2006b) wird „Storytelling in pädagogischen Situationen genutzt, um Erfahrungen von Experten aus spezifischen Arbeits-, Problemlöse- und Alltagssituationen darzustellen" (S.2). Die Geschichten können Lernern „als Beispiel für eigenes Handeln dienen". Solches Storytelling im engeren Sinne umfasst abgeschlossene Geschichten, in denen die handelnden Personen bereits mehr oder weniger erfolgreich versucht haben, das Problem zu lösen. Dabei wird das jeweilige Vorgehen bereits vom Erzähler kommentiert, analysiert und interpretiert (Wirth, 2006a, S.80). Wirth grenzt vom Storytelling das Erzählformat Narration und die sogenannten Lerngeschichten ab. Der Begriff Narration charakterisiert szenisch konstruierte Geschichten, die Lerner „zum Handeln und Problemlösen anregen" (Wirth, 2006b, S.2-3). Das szenische Format zeichnet sich dadurch aus, dass die Lerner direkt (ohne übergeordneten Erzähler) mit einer Situation konfrontiert werden, in denen die handelnden Personen versuchen, das Problem zu lösen. Die Problemlöseversuche sind nicht abgeschlossen und die Lerner werden dazu angehalten, die Rollen der handelnden Personen einzunehmen und das Problem zu lösen (Wirth & Klauser, 2004, S.17). Der Begriff Lerngeschichten beschreibt schließlich Erfahrungsberichte von Personen, die ihre individuellen Einsichten zum Thema Lernen bzw. die Auseinandersetzung mit Lerngegenständen schildern (Reinmann-Rothmeier, Mandl & Kroeschel, 1995, S.9-11).

Im Verlauf dieses Buches soll der Begriff Storytelling nicht allein auf Erfahrungsgeschichten von Experten beschränkt sein, sondern auch fiktive, von Lehrenden konstruierte Geschichten umfassen. Geschichten im Sinne dieses erweiterten Storytellingbegriffs sollen wie Erfahrungsgeschichten in sich abgeschlossen sein, müssen aber nicht zwangsläufig ausführlich vom Erzähler kommentiert und analysiert werden. Storytelling im weiteren Sinne bewegt sich als Mischform zwischen der rein vermittelnden Erzählebene und der unmittelbaren Darstellungsebene (Wirth & Klauser, 2004, S.18).

Die Bedeutung von Motivation und Interesse

Thier (2006) betont, dass gute Geschichten „Spaß machen". Sie bieten über ihre Protagonisten mit ihren (für den Zuhörer subjektiv bedeutsamen) Handlungen Möglichkeiten der Identifikation, was sich positiv auf die Behaltensprozesse auswirkt. (S.2) Hier zeigt sich wieder die Parallele zur konstruktivistischen Lehr-Lern-Forschung. Es ist daher nicht überraschend, dass verschiedene konstruktivistische Ansätze auf dem Erzählen von Geschichten basieren. So nutzt beispielsweise der „Cognitive Apprenticeship"-Ansatz[14] Erfahrungs-

---

[14] Der Cognitive Appreticeship-Ansatz wurde von Collins, Brown und Newman (1989) entwickelt. Sie übertrugen lehr-lern-praktische Prinzipien traditioneller Handwerkslehren auf die Aneignung kognitiver Strukturen (Wirth, 2006a, S.80)

geschichten von Experten im Sinne des Storytellings im engeren Sinne, um Lernprozesse zu initiieren. Beim „Anchored Intruction"-Ansatz[15] als Beispiel der Erzählform Narration bilden Geschichten sogar den Ausgangspunkt und den motivationalen Anker für sämtliche Lernaktivitäten (Klauser, 1998a, S.288). Vor allem in den Forschungsarbeiten zum „Anchored Instruction"-Ansatz wird wiederholt auf die Bedeutung der Motivation für den Lernerfolg hingewiesen.

Stark und Mandl (2000) weisen in ihrer Betrachtung des „Anchored Instruction" darauf hin, dass in den einschlägigen Veröffentlichungen zu diesem Ansatz ein wenig wissenschaftlicher Motivationsbegriff verwendet wird (S.96). Sie sprechen von einer „auf den ersten Blick eigentümlicher Kluft zwischen [unzureichender] theoretischer Fundierung von ‚Motivation' in situierten Konstruktionsansätzen" und des praktischen Motivationslevels der Lerner (Stark & Mandl, 2000, S.97). Die Lerner in „Anchored Instruction"-Lernumgebungen sind trotz der theoretischen Defizite des Ansatzes meist hoch motiviert. In einer Analyse dieser Lernumgebungen stellen Stark und Mandl aber große Schnittmengen des „alltagsprachlich verwendeten" Motivationsbegriffs mit motivationspsychologisch begründeten und theoretisch fundierten Konzepten fest (Stark & Mandl, 2000, S.96-101).

Kim und Klauser (2004b) zufolge beschäftigt sich die Motivationsforschung „mit der Frage nach den Gründen und Absichten menschlichen Verhaltens" (S.17). Rheinberg definiert Motivation als die „aktivierende Ausrichtung des momentanen Lebensvollzugs auf einen positiv bewerteten Zielzustand" (2004, S.17). Motiviertes Handeln ist also immer zielgerichtetes Handeln einer Person in einer bestimmten Situation. Die (aktuelle) Zielausrichtung wird dabei sowohl von situationalen als auch von persönlichen Faktoren determiniert, weshalb im Zusammenhang mit Motivation auch von „Person-Situations-Interaktion" gesprochen wird (Heckhausen, 1989, S.3).

Krapp (1992b, S.4) identifiziert vor allem drei zentrale Problemfelder, mit denen sich die Motivationspsychologie auseinandersetzt und die auch für Lernsituationen bedeutend sind:

- **Aktivierung und Energetisierung.** Warum wird ein Lerner aktiv? Wie kann der Antrieb, die „motivationale Kraft" erklärt werden?

---

[15] Der „anchored instruction"-Ansatz wurde von der Cognition and Technology Group am Learning Technology Center der Vanderbilt University entwickelt (vgl. genauer Klauser, 1998a, S.287).

- **Orientierung und Richtung.** Woher kommt die Zielgerichtetheit? Wie sind die Ziele des Lernens intern repräsentiert und auf welche Weise beeinflussen und steuern sie das Verhalten?
- **Aufrechterhaltung und Persistenz.** Warum wird die Anstrengung des Lernens im Hinblick auf ein bestimmtes Ziel durchgehalten? Wie erklären sich Konzentration, Arbeitseifer und Durchhaltevermögen?

In diesen zentralen Fragestellungen werden Analogien zum Aufmerksamkeitskonzept offenbar. Anscheinend spielt die Motivation eine wichtige Rolle bei der Steuerung von Prozessen, die auch für die (situationale) Aufmerksamkeit von Bedeutung sind. Motivation ist allerdings ein komplexes Konstrukt, zu dem in der psychologischen Forschung verschiedene Teilaspekte identifiziert werden, die nicht immer eindeutig voneinander abgegrenzt werden können (Naceur, 2001, S.4). Um den Zusammenhang von Motivation und Lernerfolg festzustellen hat sich in empirischen Untersuchungen das Konzept der intrinsischen Motivation als besonders wirksam erwiesen (z.B. Kim & Klauser, 2004a, S.36). Intrinsisch motiviertes Handeln zeichnet sich dadurch aus, dass es keine Verstärkung von außen benötigt, „da sich die Handlung von selbst verstärkt. Die Handlung selbst ist also der Zweck" (Kim & Klauser, 2004b, S.18).

Von der Motivation lässt sich das Interesse abgrenzen. Krapp (1992b) beschreibt Interesse als ein Konzept, „das die besondere Beziehung einer Person zu einem Erfahrungs- oder Wissensbereich (Lerngegenstand) zum Ausdruck bringt (S.17). Interesse als Person-Gegenstands-Relation steht in engem Zusammenhang mit Werthaltungen und positiven Emotionen (Schiefele, 1996, S.24). Höher entwickelte Interessen können sogar Bestandteil des individuellen Selbstkonzepts werden und die Identität einer Person langfristig beeinflussen (Krapp, 1992b, S.17).

Die Konzepte Interesse und Motivation stehen insbesondere wegen der gemeinsamen Variablen „Person" in enger Beziehung zueinander. Ist das Interesse Bestandteil des individuellen „Selbst", dann determiniert es natürlich auch die Ziele einer Person in einer bestimmten Lernsituation. Das Wirken aus der Person heraus kennzeichnet den intrinsischen Charakter des Interesses (Krapp, 1992b, S.17). Mandl, Gruber und Renkl (1997) sehen in der intrinsischen Motivation und im Interesse die Grundvoraussetzung dafür, dass Lerner zu bedeutungshaltigen Lernaktivitäten angeregt werden (S.456). Wenn ein Lerngegenstand für eine Person interessant ist, beschäftigt er sich aus eigenem Antrieb damit. Diesbezüglich ist festzuhalten, dass Interesse ein gewisses Vorwissen bezüglich des Lerngegenstandes impliziert. Lernen wird zu interessenthematischen „Person-Gegenstands-Auseinandersetzungen", durch die der Lerner seine vorhandenen Wissensstrukturen elaboriert (Krapp, 1998, S.186-187).

Um das Interesse als Gestaltungsgrundsatz von Geschichten instrumentalisieren zu können, muss das Konzept noch weiter ausdifferenziert werden. Schiefele (2000) unterscheidet zwischen individuellem und situationalem Interesse (S.229). Das individuelle Interesse beschreibt eine oben angesprochene höhere Interessenform, die ein langfristig stabiler Bestandteil der Persönlichkeit eines Menschen ist. Situationales Interesse setzt dagegen keine bestehenden Interessenstrukturen voraus, sondern konstituiert in einer „initialen Zuwendung zu einem Sachverhalt" „epistemische Tendenzen und emotionale Valenzen am Gegenstand selbst". Schiefele (2000) grenzt von diesen Interessenbegriffen eine bloße Anreizmotivation ab, die „nur eine vorübergehende Hinwendung zu erreichen zu sucht" (S.229). Für die Gestaltung von Lernumgebungen respektive der hier thematisierten Geschichten lässt sich schlussfolgern, dass sie für eine hohe und langfristig stabile Aktiviertheit des Lerners möglichst individuelles Interesse aktualisieren, zumindest aber situationales Interesse erzeugen sollten. Gestaltungen, die auf eine Anreizmotivation abzielen, sind nicht hinreichend für motivierende Lernumgebungen, denn wie Mayer (1998) es formuliert, "an otherwise boring task cannot be made interesting by adding a few interesting details" (S.57). Es besteht sogar die Gefahr, dass Anreizmotivationen als „seductive details" den Rezipienten von den eigentlich wichtigen Textstellen ablenken (Krapp, 1998, S.191).

Für die Gestaltung von Podcasts (bzw. des Storytelling als Idee einer didaktisch-methodischen Umsetzung) haben die Konzepte Motivation und Interesse eine besondere Bedeutung. Da Zuhörer eine vornehmlich passive Rolle einnehmen, ist es besonders wichtig, Prozesse der Aufmerksamkeit zu fördern. Kognitionspsychologisch geht es darum, eine angemessene Aktiviertheit[16] zu erreichen und über einen längeren Zeitraum aufrecht

---

[16] In den Ausführungen zu Kahnemans Modell der zentralen Kapazität in Abschnitt 2.1 wird darauf hingewiesen, dass eine überhöhte Aktiviertheit negative Auswirkungen auf den Aufgabenerfolg haben kann. Krapp (1992a) zufolge ist für Aufgaben, die das Lernen betreffen, eine mittlere Aktiviertheit optimal. Er vermutet, dass interessengesteuerte Lernaktivitäten regelmäßig mit einem günstigen Aktiviertheitsniveau verbunden sind (S.36).

zu erhalten. Des Weiteren soll der Lerner den Wunsch oder die Absicht ausbilden, „bestimmte Inhalte oder Fertigkeiten zu lernen" („Lernmotivation") (Kramer, 2003, S.12).

Gestaltungen, die an das Interessenkonstrukt anknüpfen, haben insbesondere überdauernde (spezielle) Dispositionen des Lerners bezüglich des Lerngegenstandes zu berücksichtigen. Gestaltungen, die motivationale Aspekte betreffen, sollen sicherstellen, dass diese überdauernden Dispositionen des Lerners in der aktuellen Lernsituation aktualisiert werden und der Lerner seine aktuellen Intentionen auf das Lernen ausrichtet. Die Umsetzung dieser Gestaltungsziele fördert Prozesse der Aufmerksamkeit[17] und bildet die Grundlage für effektives Zuhören und damit effektive Lernaktivitäten. In Abbildung 4 wird der Versuch gemacht, die bisherigen Erkenntnisse zum Zuhörprozess graphisch darzustellen. Der Begriff Zuhören im engeren Sinne steht hier für die spezielle Zuhöraufgabe (als Abgrenzung von den Nebentätigkeiten). Die aus den Erkenntnissen abzuleitenden konkreten Gestaltungsprinzipien für das Storytelling sind noch offen. Sie sind Gegenstand von Abschnitt 3.

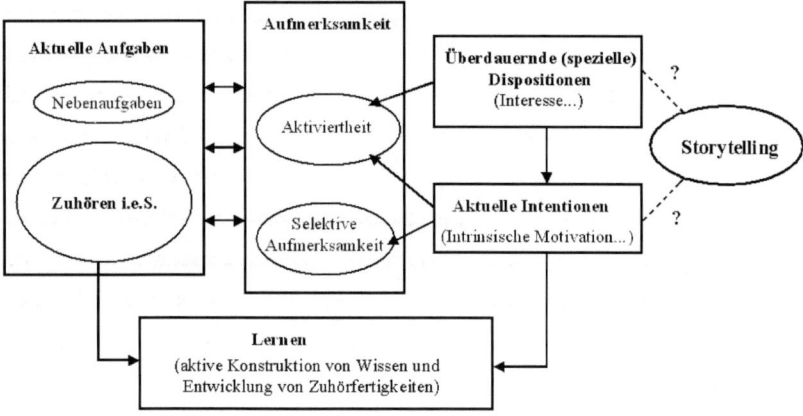

Abbildung 4: Übersicht über die Wirkungszusammenhänge der erörterten Konzepte

---

[17] vgl. auch hier insbesondere Ausführungen zu Kahnemans Modell der zentralen Kapazität

3 Entwicklung von Kriterien zur Bewertung und effektiven Ausgestaltung von Podcasts – Pädagogische Perspektive

3.1 Grundlagen der Gestaltung und Bewertung von textbasierten Lernangeboten

Lernen und Lehren mit neuen Medien – Bewertungsdimensionen

Bei der Entwicklung von Kriterien, mit Hilfe derer sich die Qualität und Eignung von Podcasts als Bestandteil von Blended-Learning-Umgebungen überprüfen lässt, müssen pädagogisch-didaktische, fachlich-inhaltliche, technische und ökonomische Aspekte berücksichtigt werden (Klauser & Pollmer, 2003, S.40).

In Anlehnung an Klauser, Streul und Pollmer (2003) wird die Bedeutung der verschiedenen Dimensionen für das Lernen und Lehren mit neuen Medien skizziert (S.142-143):

- **Technische Aspekte.** Dieser Bereich umfasst zum einen das technische Equipment zur Produktion und zur Nutzung von Podcasts, zum anderen die notwendigen technischen Fähigkeiten der Produzenten und der Nutzer. Die Basisausstattung zur Produktion von Podcasts besteht aus einem Computer, einem Mikrofon, einem Paar Kopfhörer, einem Aufnahmeprogramm sowie Speichermöglichkeiten im Internet (Horn & Fiene, 2007, S.48). Das Abspielen eines Podcasts ist, wie oben bereits erwähnt, grundsätzlich auf jedem MP3-Player möglich. Zum Download der Audiodateien ist eine schnelle Internetverbindung von Vorteil. Für die Akzeptanz des Podcasts ist es von zentraler Bedeutung, dass dem Nutzer diese technischen Möglichkeiten zur Verfügung stehen bzw. zur Verfügung gestellt werden und die Anwendung reibungslos funktioniert (Ketterl et al., 2006, S.8).

- **Ökonomische Aspekte.** Hier stehen Überlegungen zum Kosten-Nutzen-Verhältnis der Produktion und des Einsatzes von Podcasts im Blickpunkt. Kosten stellen unter anderem die Anschaffung von technischen Geräten und der Zeitaufwand der Produktion dar. Nutzenbetrachtungen sollten vor allem den Lernerfolg sowie motivationale Effekte bei Lernern und Lehrenden berücksichtigen. Bereits Weidenmann (1997) weist darauf hin, dass sich Tondokumente im Vergleich zum Film/Video gewöhnlich wesentlich günstiger produzieren lassen. Auch die Abspielgeräte für

Audiomedien sind wesentlich günstiger (S.422). Die Basisausstattung[18] zur Podcastproduktion steht den Lehrenden an Schulen und Universitäten zumeist bereits zur Verfügung, so dass diesbezüglich keine weiteren Kosten entstehen. Der Großteil der Kosten besteht also im Zeitaufwand der Podcastsproduktion. Auch auf der Seite der Nutzer kann von geringen Kosten ausgegangen werden, da MP3-Player mittlerweile sehr verbreitet sind und vergleichsweise niedrige Anschaffungskosten haben.

- **Fachliche Aspekte.** Aus fachlich-inhaltlicher Perspektive stellt sich die Frage nach den Lernzielen, die durch Podcasts erreicht werden sollen. Dabei ist insbesondere das Vorwissen der Lerner zu berücksichtigen, das den Ausgangspunkt für sämtliche Lernaktivitäten darstellt. Anknüpfend daran werden die Möglichkeiten analysiert, wie dieses Wissen und Können erweitert bzw. elaboriert werden kann. Podcasts sind aus fachlich-inhaltlicher Perspektive als integrativer Bestandteil eines didaktischen Gesamtkonzeptes zu betrachten.

- **Medienpädagogische Aspekte.** Diese Perspektive beleuchtet den Mehrwert und die didaktisch-methodischen Potenziale neuer Medien und ist damit zusammen mit der fachlich-inhaltlichen Dimension für diese Untersuchung entscheidend. Neben einer Beurteilung der grundsätzlichen Bestandteile einer Lernumgebung (Lernziele, Beschreibung des Lernprozesses, Berücksichtigung von Vorwissen) soll vor allem ihre didaktisch-methodische Gestaltung analysiert werden.

Diese vier Dimensionen gemeinsam determinieren die Wirksamkeit der Lernumgebung für effektive Lehr-Lern-Prozesse. Vor dem Hintergrund der Zielstellung dieses Buches soll insbesondere auf die fachlich-inhaltliche und die medienpädagogische Dimension eingegangen werden und auf die Konsequenzen für die Gestaltung, die sie nach sich ziehen.

Das Verhältnis von Lesen und Zuhören

Wolf Schneider, der frühere Leiter der Gruner und Jahr Journalisten-Schule ist der Meinung, zwischen schriftlicher und mündlicher Sprache müsse kein Unterschied bestehen. Dem Argument, man könne „einen nicht verstandenen [Audio-] Text nicht ‚zurückhören'" hält er entgegen, man sollte auch einen Schrifttext nicht zurücklesen müssen. Auch Schrift-

---

[18] Professionelle Podcasts erreichen mittlerweile die Qualität von studioproduzierten Radiosendungen. Das Equipment solcher Produktionen ist natürlich erheblich teuer. Für die in dieser Untersuchung diskutierten Anwendungen (reine Sprachpodcasts) sollte bei einem sorgfältigen Einsatz die Basisausstattung genügen, um Podcasts mit der erforderlichen (Mindest-)Tonqualität zu produzieren.

texte sollten so formuliert werden, dass sie beim ersten Lesen verstanden werden (Arnold, 1999, S.269).

Weidenmann (2000) vermutet, dass es zumindest auf einer höheren Ebene der Informationsverarbeitung wenig relevant ist, ob Informationen gehört oder gelesen werden. In beiden Fällen handelt es sich um einen sprachlichen Code, der entsprechend verarbeitet wird (S.117). Allerdings muss diese höhere Ebene der Verarbeitung erst einmal erreicht werden. Ein Zuhörer hat z.B. aufgrund der Flüchtigkeit des Schalls weniger Möglichkeiten als ein Leser, das Tempo der Sprachrezeption zu beeinflussen.

In der Praxis der Textgestaltung wird daher zwischen schriftlicher und gesprochener Sprache unterschieden. Für eine zuhörerorientierte Textgestaltung gelten noch höhere Anforderungen an die Verständlichkeit als für die Gestaltung von Schrifttexte. Bei der folgenden Argumentation wird wegen der Gemeinsamkeiten der verschiedenen Codierungsformen auch auf wissenschaftliche Erkenntnisse zur verständlichen Gestaltung von Schrifttexten zurückgegriffen. Die Gestaltungsempfehlungen sollten bei einer zuhörerorientierten Textgestaltung allerdings noch strikter umgesetzt werden.

Vom Sprachverstehen zur Textgestaltung

Um eine zuhörerorientierte Textgestaltung sicherzustellen, ist es notwendig, die in Abschnitt 2.1 erarbeiteten Erkenntnisse zur Wahrnehmung und Informationsverarbeitung bezüglich des Sprachverständnisses noch einmal zu konkretisieren. Dazu wird näher auf den Gedächtnisbegriff eingegangen, der van Dijk (1980) zufolge „eine wichtige Komponente eines Modells der kognitiven Sprachverarbeitung" darstellt. „Will man grob gesagt, die zweite Hälfte eines Satzes verarbeiten, so muss man noch wissen, was in der ersten stand" (S.165).

Gewöhnlich unterscheidet man zwischen zwei Arten des Gedächtnisses[19], dem Kurzzeitgedächtnis (short term memory) und dem Langzeitgedächtnis (long term memory) (van Dijk, 1980, S.165). Im Kurzzeitgedächtnis werden im Sinne einer sogenannten phonologischen Schleife kurzfristig alle wahrgenommenen Informationen wortwörtlich gespeichert

---

[19] Dieses einfache Gedächtnismodell bildet auch heute noch die Grundlage vieler psychologischer Forschungsarbeiten, z.B. John Swellers Arbeiten zur Cognitive Load Theory (vgl. z.B. Paas, F., Renkl, A. & Sweller, J, 2003).

(Hemforth & Strube, 1999, S.262). Während genaue phonologische, morphologische und syntaktische Informationen aber lediglich zum Verständnis des aktuellen Satzes benötigt werden, wird der eigentliche Inhalt des Satzes bzw. seine semantische Struktur gebraucht, um Satzsequenzen und in Folge auch ganze Texte zu verstehen. Die gesamten sprachlichen Informationen mit allen ihren Details werden daher nur eine gewisse Zeit gespeichert, und zwar so lange, wie im Kurzeitgedächtnis noch Speicherkapazität zur Verfügung steht. Die wichtigen semantischen Informationen werden zumindest zum Teil in das Langzeitgedächtnis „transportiert". Im gesamten Prozess der Sprachverarbeitung dient das Kurzeitgedächtnis als Arbeitsspeicher, in dem „einlaufende Informationen eine erste Bearbeitung erfahren, bevor sie im Langzeitgedächtnis behalten werden können" (van Dijk, 1980, S.165-166). Diese Überlegungen basieren im Wesentlichen auf Atkinson und Shiffrins Modell des menschlichen Gedächtnisses. Abbildung 5 gibt einen schematischen Überblick über dieses Gedächtnismodell.

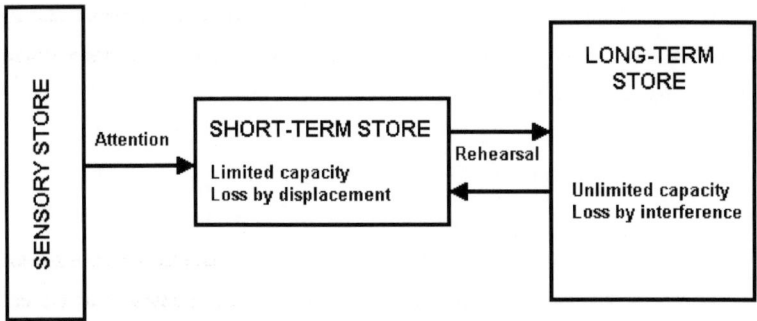

Abbildung 5: Atkinson und Shiffrins Modell des menschliches Gedächtnisses (1968; vereinfachte Darstellung aus Styles, 2005, S.245)

Bezüglich des gesamten Verarbeitungs- und Behaltensprozesses geht man davon aus, dass ein Lerner „bei der Verarbeitung von Text mehrere mentale Repräsentationen auf jeweils unterschiedlichen Ebenen der Verarbeitungstiefe konstruiert" (Kürschner, Seufert, Hauck, Schnotz & Eid, 2006, S.118). Kürschner, Schnotz und Eid (2006) unterscheiden „insbesondere Oberflächenrepräsentationen, Propositionen und mentale Modelle" (S.49).

Oberflächenrepräsentationen beinhalten alle sprachlichen Details eines Textes wie Formulierungen, lexikalische und syntaktische Konstruktionen. Da Texte zumeist nicht auswendig gelernt werden, wird diese Repräsentationsform auch am schnellsten vergessen (Kürschner, Schnotz & Eid 2006, S.49). Zumeist werden Oberflächenrepräsentationen mit ihren vielen Details nicht die Verarbeitungsebene des Langzeitgedächtnisses erreichen.

Propositionen stellen laut Kintsch und van Dijk die grundlegenden Bedeutungseinheiten eines Textes dar. Sie bestehen aus einem Prädikat sowie zumindest aus einem Argument (Beyer, 1987, S.12). Prädikate können Handlungs-, Prozess- oder Zustandstandskonzepte sein. Sie kennzeichnen in der Regel Beziehungen zwischen Argumenten, die wiederum Konzepte von Gegenständen oder Gegebenheiten darstellen. Propositionen sind also Prädikat-Argument-Strukturen (Ballstaedt, Mandl, Schnotz & Tergan, 1981, S.31). Eine einfache Proposition können zum Beispiel folgende Konzepte darstellen:

(1a) (BEEINFLUSSEN, KOHLENDIOXID, KLIMA)

Hier werden die Argumente KOHLENDIOXID und KLIMA durch das Prädikat BEEINFLUSSEN miteinander verbunden. Der sprachliche Gegenpart dieser Präposition könnte etwa folgender Hauptsatz sein:

(1b) „Kohlendioxid beeinflusst das Klima."

Ein Text besteht schließlich aus einer Sequenz von miteinander verknüpften Propositionen, welche die sogenannte Textbasis bilden (Kintsch, 1982, S.292). Die Repräsentationsebene der Propositionen umfasst textnahe Details sowie die explizite Bedeutung des Textes (Kürschner, Schnotz & Eid, 2006, S.49).

Mentale Modelle bilden die höchste Ebene des Textverständnisses. In Mentalen Modellen werden Informationen aus dem Text mit Vorwissen des Lerners verknüpft (Rinck & Bower, 2000, S.1310). Der Lerner konstruiert auf Basis des Textes und unter Einbeziehung seines Wissens über die beschriebene Situation (bzw. ähnliche Situationen) eine ganzheitliche mentale Repräsentation des Sachverhaltes, die analogen Charakter hat (Schnotz, 1985, S.11). Ein mentales Modell enthält zumeist mehr Informationen, als dem Text entnommen werden können. Außerdem erlaubt ein solches Modell, das deklarative und prozedurale Wissenskomponenten integrieren kann, die „mentale Simulation" dynamischer

Prozesse und auf dieser Grundlage Voraussagen und weitgehende Schlussfolgerungen bezüglich des repräsentierten Sachverhaltes (Schotz, 1985, S. 13-14).

Die Trennung dieser Ebenen der Wissensrepräsentation ist modellhaft begründet und hat vorwiegend analytischen Charakter. Die mentalen Repräsentationen stehen in einem sehr engen Verhältnis zueinander. So sieht etwa Schnotz (1985) die Bildung einer propositionalen Textrepräsentation als „Voraussetzung zur Konstruktion eines mentalen Modells des Textinhalts" (S.39).

Zusammenfassend können in Übereinstimmung mit Kintsch (1996, S.519) vor allem zwei zentrale Determinanten für einen guten Lerntext festgehalten werden:

- **Form.** Die formale Gestaltung des Lerntextes ist von Bedeutung, da die Textbasis die Grundlage für den Aufbau mentaler Repräsentationen bildet. Dies gilt sowohl für Repräsentationen auf propositionaler Ebene, als auch für mentale Modelle. Durch eine gezielte sprachlich-formelle Gestaltung lässt sich eine Überlastung des Lerners verhindern, die aufgrund von Kapazitätsbeschränkungen auftreten kann (Ballstaedt et al., 1981, S.223). Voraussetzung für einen guten Lerntext ist dabei weniger eine möglichst „simple" Sprache (kurze Sätze, einfache Wörter), sondern seine semantische Kohärenz (Kintsch, 1996, S.519).
- **Inhalt.** Bezüglich der inhaltlichen Gestaltung eines Lerntextes betont Kintsch (1996) die Bedeutung der richtigen Passung von Textinformationen und Vorwissen. Demzufolge bilden Inhalte, die nur wenige Anknüpfungspunkte mit vorhandenen Wissensstrukturen haben, oft nur isolierte Strukturen, die zwar reproduziert werden können, deren Anwendung in anderen Kontexten aber nicht möglich ist (S.519). In der pädagogischen Forschung wird dieses Phänomen unter der Überschrift „träges Wissen" diskutiert (Klauser, 1998a, S.284).

Auf Basis dieser zentralen Determinanten werden nachfolgend Prinzipien für die Gestaltung von zuhörerorientierten Lerntexten erarbeitet.

3.2 Sprachliche und strukturelle Gestaltung von Podcasts

3.2.1 Zuhörerorientierte Texte – Wortwahl, Satzgestaltung, Textstruktur

Die richtige Wortwahl

Häusermann und Käppeli (1994) weisen darauf hin, dass vor allem in Texten, die wissenschaftliche Themen betreffen, Fachwörter die Grundlage für präzise Aussagen bilden. Ein Text muss aber gleichzeitig zuhörerorientiert sein, das heißt das (begriffliche) Wissen der Zielgruppe muss bei der Textproduktion berücksichtigt werden (S.28). Wenn davon auszugehen ist, dass ein Wort den Zuhörern nicht bekannt ist, kann man darauf unterschiedlich reagieren. Das problematische Wort kann z.b. durch ein anderes Wort ersetzt werden. Dabei sollte darauf geachtet werden, dass die Aussage nicht durch einen kleinen Bedeutungsunterschied zwischen den Wörtern eine völlig andere Gesamtbedeutung bekommt (Häusermann & Käppeli, 1994, S.28). Fachbegriffe sagen für einen Experten regelmäßig weit mehr aus, als ihre alltagssprachlichen Synonyme. Da insbesondere Lehrtexte sich oft dadurch auszeichnen, dass verschiedene Fachtermini eingeführt werden (Ballstaedt et al., 1981, S.204), ist es notwendig, über Hilfskonstruktionen wie z.b. Nebensätze die Begriffe zu erklären. Allerdings sollte die Kohärenz des Textes nicht unter diesen Hilfskonstruktionen leiden (vgl. Absatz über Schachtelkonstruktionen in diesem Abschnitt).

Angemessene Informationsdichte von Sätzen

Ob ein Satz einfach zu verstehen ist, hängt nicht vornehmlich von der Satzlänge ab, sondern von der Anzahl der ihm zugrunde liegenden Propositionen. Kintsch und Keenan (1973) belegten, dass die durchschnittliche Lesezeit eines Satzes eine Funktion der in ihr enthaltenen Propositionen ist. In ihren Untersuchungen verbrauchten die Probanden durchschnittlich 1,5 Sekunden mehr Lesezeit für eine zusätzlich enthaltene Proposition. Die Schwierigkeit eines Satzes erhöht sich also, wenn er im Verhältnis zur Anzahl seiner Wörter mehr Bedeutungseinheiten enthält (Ballstaedt et al., 1981, S.208). Im Deutschen werden vor allem zwei syntaktische Konstruktionen verwendet, welche die Informationsdichte eines Satzes erhöhen: Partizipien und Substantivierungen. Vor allem fachwissenschaftliche Texte zeichnen sich durch viele dieser Konstruktionen aus. Für einen verständlichen, lerner- und insbesondere zuhörerorientierten Text ist es häufig von Vorteil, solche Konstruktionen aufzulösen.

- **Partizipien.** Durch dieses sprachliche Mittel werden Handlungen zu Attributen reduziert (Häusermann & Käppeli, 1994, S.58). Damit bieten Partizipien die Möglichkeit, Satzglieder zu komprimieren und in andere Sätze einzubauen. Nach Meinung von Zehrt (2005) lassen sich Partizipialkonstruktionen immer durch einen Hauptsatz und einen Nebensatz ersetzen, wodurch regelmäßig die Verständlichkeit erhöht wird (S.63). Ein Beispiel:

(2a) **Problematisch:**

Der wegen der Störfälle im zu einem seiner Tochterunternehmen gehörenden Kernkraftwerk XY unter Druck geratene Energiekonzern Z hat den nach eigener Aussage von dieser Entscheidung überraschten Kraftwerksleiter mit sofortiger Wirkung entlassen.

(2b) **Besser:**

Der Energiekonzern Z hat den Leiter des Kernkraftwerks XY mit sofortiger Wirkung entlassen. Der Kraftwerksleiter war nach eigener Aussage von dieser Entscheidung überrascht. Der Energiekonzern Z geriet zuletzt zunehmend unter Druck, weil es zu verschiedenen Störfällen im Kernkraftwerk XY kam, das einem Tochterunternehmen von Z gehört.

- **Substantivierungen.** Untersuchungen von Colemann (1964, 1965, 1971) ergaben signifikante Verschlechterungen des Lernerfolgs bei Texten mit einem solchen Nominalstil gegenüber Texten, in denen normale Verbformen eingesetzt werden (Ballstaedt et al., 1981, S.208). Ein Beispiel (nach Zehrt, 2005, S.64):

(3a) **Problematisch:**
Das Energieunternehmen will in den nächsten Tagen eine Entscheidung hinsichtlich der Wiederinbetriebnahme des Atomkraftwerks XY treffen.

(3b) **Besser:**
Das Energieunternehmen will in den nächsten Tagen entscheiden, ob das Atomkraftwerk XY wieder in Betrieb genommen werden soll.

Neben Substantivierungen und Partizipien erhöhen weitere Konstruktionen regelmäßig die Informationsdichte von Sätzen. So werden aus sprachökonomischen Überlegungen verschiedene Wörter, die in einem bestimmten Verhältnis zueinander stehen, zu einer „Komposition" zusammengesetzt. Aus Maßnahmen, die dazu dienen, das Klima zu schützen, werden dann schnell Klimaschutzmaßnahmen (Häusermann & Käppeli, 1994, S.60). Natürlich sind bestimmte Begriffe längst so gebräuchlich, dass ihre Verarbeitung für die meisten Personen kaum ein Problem darstellt. Besonders in Texten, die bereits eine hohe Informationsdichte aufweisen, kann die Verarbeitung von zusammengesetzten Wörtern jedoch schwierig werden. Gegebenenfalls können solche Konstruktionen wieder durch einen Haupt- und einen präzisierenden Nebensatz aufgelöst werden (Häusermann & Käppeli, 1994, S.61).

Selbstverständlich sind Partizipien, Substantivierungen oder auch zusammengesetzte Wörter nicht per se abzulehnen. Mitunter können diese Mittel den Text auch straffen ohne die Verständlichkeit zu verschlechtern. Dies gilt insbesondere bei Texten mit insgesamt hoher Redundanz und bei Zuhörern, die bezüglich des Themas und der sprachlichen Gestaltung extensives Vorwissen und die nötigen Zuhörfertigkeiten besitzen. Es kann aber davon ausgegangen werden, dass Autoren von Fachtexten dazu tendieren, zuviel Vorwissen vorauszusetzen und dementsprechend Sätze mit unverhältnismäßig hoher Informationsdichte zu konstruieren (Häusermann & Käppeli, 1994, S.57).

Grundsätzlich Aktivsätze statt Passivsätze
Verschiedene Untersuchungen zur Verständlichkeit von Passivsätzen (z.B. Mehler, 1963; Coleman 1965; Savin & Perchonock, 1965) kamen zu dem Ergebnis, dass Passivsätze regelmäßig schwerer zu verstehen sind als Aktivsätze. Wie differenziertere Studien zeigten (z.B. Slobin, 1966) trifft das allerdings nur auf sogenannte reversible Sätze zu, bei denen nach Vertauschung von grammatikalischem Subjekt und grammatikalischem Objekt wieder ein potenziell sinnvoller Satz entsteht (Ballstaedt et al., 1981, S.207). Ein Beispiel:

(4a) **Problematisch:**
    Die aufgebrachten Umweltaktivisten wurden von Polizeieinheiten aufgehalten.
(4b) **Besser:**
    Polizeieinheiten hielten die aufgebrachten Umweltaktivisten auf.

Irreversible Passivsätze, bei denen eine solche Vertauschung nicht möglich ist, führen nicht zu einer schlechteren Verständlichkeit (Ballstaedt et al., 1981, S.207).

(5) Das ganzes Dorf wurde von einer riesigen Schlammlawine verschüttet.

Vermeiden von Schachtelkonstruktionen

In Schachtelsätzen wird der Handlungsstrang im Satz z.B. durch einen eingeschobenen Nebensatz unterbrochen (Zehrt, 2005, S.57). Der Nebensatz beinhaltet dabei häufig eine völlig eigenständige Aussage innerhalb der Satzkonstruktion oder sogar einen völlig neuen Gedanken. (Häusermann & Käppeli, 1994, S.64). Van Dijks (1980) Forderung, man müsse die erste Hälfte des Satzes noch wissen, um die zweite verarbeiten zu können (S.165), lässt sich bei solchen Satzkonstruktionen regelmäßig nicht erfüllen. Sie sollten daher vermieden werden. Ein Beispiel (nach Häusermann & Käppeli, 1994, S.64):

(6a) **Problematisch:**

Sollte der Umweltgipfel, zu dem die USA die größten Industrienationen und Schwellenländer eingeladen haben, ergebnislos bleiben, wäre das wiederum eine verpasste Chance für eine weltweite Klimaschutzstrategie.

(6b) **Besser:**

Die USA haben die größten Industrienationen und Schwellenländer zu einem Umweltgipfel eingeladen. Sollte der Umweltgipfel ergebnislos bleiben, wäre das wiederum eine verpasste Chance für eine weltweite Klimaschutzstrategie.

Grundsätzlich gilt, dass kurze Einschübe keine Probleme beim Zuhören verursachen. Je länger jedoch die Einschübe sind, desto wahrscheinlicher werden Verständnisprobleme durch eine Überlastung des Arbeitsgedächtnisses (Häusermann & Käppeli, 1994, S.64).

Einfache Satzkonstruktionen lassen sich jedoch nicht per se mit einem besseren Verständnis gleichsetzen. So weist van Dijk (1980) darauf hin, dass es keine negativen Auswirkungen auf das Verständnis hat, wenn kurze Hauptsätze zu einem Gesamtsatz verbunden werden (S.172). Ballstaedt et al. zufolge wirkt die Aneinanderreihung von kurzen Hauptsätzen auf den Lerner sogar ermüdend (1981, S.210). Ein Beispiel:

(7a) **Problematisch:**

Erik kam nach Hause. Er öffnete die Fenster. Nach kurzem und kräftigem Durchlüften schloss er die Fester wieder.

(7b) **Besser:**

Als Erik nach Hause kam, öffnete er die Fenster, um kurz und kräftig durchzulüften.

Van Dijk (1980) geht davon aus, dass Personen solche Sätze oder Teilsätze ohnehin zu einer einzigen semantischen Struktur integrieren (S.172). Wichtiger sei daher, „auf welche Weise die betreffende Information im Text verteilt ist, eingeführt wurde, geordnet (sowohl hinsichtlich des als bekannt Vorausgesetzten wie hinsichtlich der Perspektive der Beschreibung) und angeordnet ist" (van Dijk, 1980, S.172-173).

Ballstaed (1981) et. al weisen hinsichtlich der Forderung nach einfachen Satzkonstruktionen darauf hin, dass damit nicht eine „absoluten Vereinfachung der Sätze" gemeint ist. Komplexe Inhalte erfordern auch eine gewisse sprachliche Komplexität. Für die Konstruktion einer kohärenten Wissensstruktur fordern sie ein dem Rezipienten angepasstes „mittleres Maß an syntaktischer Komplexität" (S.209-210). Für eine hörerorientierte Textgestaltung können sich Sätze durchaus aus Haupt- und Nebensätzen zusammensetzen und in ihrer Länge sowie ihrem Aufbau variieren. Längere eingeschobene Nebensätze sollten jedoch vermieden werden (Zehrt, 2005, S.57).

Redundanz statt Varianz

Bei geschriebenen Texten ist es üblich, aus stilistischen Gründen in aufeinanderfolgenden Sätzen nicht dieselben Konzepte, sondern Synonyme zu verwenden. Für eine hörerorientierte Textgestaltung ist Redundanz einer solchen Varianz vorzuziehen (Arnold, 1999, S.275). Die Zuhörer haben bei Varianz nur eine unnötige Denkaufgabe zu bewältigen, da eine Verknüpfung von Originalbegriff und Synonym verstärkt Verarbeitungskapazität des Kurzzeitgedächtnisses beansprucht. Grundsätzlich sollte also auf Synonymbildung verzichtet werden, denn bei zuhörerorientierten Texten erhöhen Redundanzen die Verständlichkeit. Haben Synonyme allerdings nicht nur eine sprachliche, sondern auch eine inhaltliche Dimension, so sollten die mit dem Synonym verbundenen neuen Informationen in einem eigenen Satz dargestellt werden (Häusermann & Käppeli, 1994, S.54). Ein Beispiel:

(8a) **Problematisch:**
Das skandinavische Unternehmen Z legte am Montag seine aktuellen Quartalszahlen vor. Analysten beurteilen das Ergebnis des fünftgrößten europäischen Energiekonzerns positiv, da...

(8b) **Besser:**
Das skandinavische Unternehmen Z legte am Montag seine aktuellen Quartalszahlen vor. Z ist der fünftgrößte europäische Energiekonzern. Analysten beurteilen die Quartalszahlen des Energiekonzerns positiv, da...

Einfache Aussagen statt doppelter Verneinungen
Doppelte Verneinungen sollten vermieden werden. Formulierungen nach dem Schema Minus mal Minus gleich Plus" (z.B. „nicht unbedeutend") beanspruchen ebenfalls nur unnötig Verarbeitungskapazität. Daher sollten hier regelmäßig einfache, direkte Aussagen verwendet werden (Häusermann & Käppeli, 1994, S.63).

Linearität
Häusermann und Käppeli (1994) sehen in der Linearität das Hauptprinzip der Hörsituation: „Beim Zuhören werden neue Informationen aufgrund der bisher gegebenen Informationen verstanden. Erklärungen, die im Nachhinein gegeben werden, machen den Text schwerer" (S.81). Um eine möglichst hohe Verständlichkeit zu erreichen, sollten Gedankensprünge vermieden und notwendige Erklärungen so früh wie möglich gebracht werden (Häusermann & Käppeli, 1994, S.82-83). Dem Lerner wird dadurch ermöglicht, ein von Anfang an einheitliches mentales Modell zum Textinhalt aufzubauen, das im weiteren Verlauf sukzessive elaboriert und ausdifferenziert werden kann (Schnotz, 1994, S.227).

Die Forderung, einen Text aus Gründen der Hörerorientierung linear zu gestalten, lässt sich durch Storytelling sehr gut umsetzen. So empfiehlt etwa Eder (1999), eine Geschichte „kausalchronologisch" linear anzuordnen und nur in Ausnahmefällen von diesem Prinzip abzuweichen (S.73).

Satzentwicklung
Für die Textgestaltung sind im Besonderen Überlegungen zur Verarbeitung der Propositionen interessant. Den Annahmen von Kintsch und van Dijk zufolge werden Propositionen im Kurzzeitspeicher erfasst. Wegen der begrenzten Verarbeitungskapazität, werden Propo-

sitionen, die nicht mehr relevant zu sein scheinen, aus dem Speicher entfernt. Solche „inaktiven" Propositionen werden in den Langzeitspeicher transferiert. Wenn eine neu aktivierte Proposition an eine inaktive Proposition anknüpft, muss diese erst wieder aktiviert werden. Gegebenenfalls wird dafür eine andere aktive Proposition aus dem Kurzzeitspeicher entfernt (Hasebrook, 1996, S.72). Ein Beispiel:

(9)   Maria fährt einen Gebrauchtwagen.
       Sie ist eine Fahranfängerin.
       Er verbraucht zuviel Benzin.

Zunächst wird im ersten Satz die Proposition (FAHREN, MARIA, GEBRAUCHTWAGEN) aktiviert. Im zweiten Satz wird das Pronomen „sie" automatisch durch „Maria" ersetzt und die Proposition (IST EINE, MARIA, FAHRANFÄNGERIN) aktiviert. Wegen des Themenwechsels im zweiten Satz wird gleichzeitig die Proposition (FAHREN, MARIA, GEBRAUCHTWAGEN) aus dem Kurzzeitgedächtnis entfernt und im Langzeitgedächtnis gespeichert. Das Pronomen „er" im dritten Satz bezieht sich auf den „Gebrauchtwagen" im ersten Satz. Zur richtigen Verarbeitung muss die inaktive Proposition (FAHREN, MARIA, GEBRAUCHTWAGEN) wieder aktiviert werden, um durch die Verknüpfung von „er" und „Gebrauchtwagen" die neue Proposition (VERBRAUCHEN, GEBRAUCHTWAGEN (ZUVIEL, BENZIN))[20] aktivieren zu können. (vgl. Schnotz, 1991, S.19; Ballstaed et al., 1981, S.30-33, Hasebrook, 1996, S.72-73).

Verschiedene Untersuchungsergebnisse zeigen, dass Texte, die Strukturen wie in (9) aufweisen, deutlich langsamer gelesen werden (Hasebrook, 1996, S.73). Solche Strukturen sollten daher vermieden werden. Das ist insbesondere bei einer rein auditiven Textpräsentation von Bedeutung, und zwar aufgrund ihres mehrfach angesprochenen flüchtigen Charakters und den geringen Selbststeuerungsmöglichkeiten des Hörers (Kürchner, Schnotz & Eid, 2006, S.49).

Eine weitere Problematik im Zusammenhang mit der Satzentwicklung besteht darin, Platzhalter wie Pronomen richtig einzusetzen. Wird in einer Satzsequenz ein Nomen von einem Pronomen repräsentiert, so ist es wichtig, dass sich das Pronomen hinsichtlich Numerus

---

[20] Sonderform einer quantifizierenden Proposition (vgl. Ballstaedt et al., S.33).

und Genus eindeutig seinem Bezugswort zuordnen lässt (Schnotz, 1991, S.17-18). Ein Beispiel:

(10a) Maria hatte den Hut in ihrem Wagen vergessen.
Er war sehr teuer gewesen.
(10b) Maria hatte die Tasche in ihrem Wagen vergessen.
Sie war sehr teuer gewesen.
(10c) Maria hatte die Handschuhe in ihrem Wagen vergessen.
Sie waren sehr teuer gewesen.

In (10a) lässt sich das Pronomen ER nicht eindeutig zuordnen, da es hinsichtlich Genus und Numerus mit zwei potenziellen Bezugswörtern (HUT und WAGEN) übereinstimmt. In (10b) und in (10c) kann das Bezugswort des Pronomens aufgrund von Unterschieden in Genus bzw. Numerus dagegen eindeutig bestimmt werden (Schnotz, 1991, S.18). Um eine Unbestimmtheit wie in (10a) aufzulösen, ist es möglich, den Platzhalter wieder durch das Bezugswort zu ersetzen (10d, vgl. auch Ausführungen zur Redundanz). Ein Beispiel:

(10d) Maria hatte den Hut in ihrem Wagen vergessen.
Der Hut war sehr teuer gewesen.

Informationsdichte von Texten
Häusermann und Käppeli (1994) sind der Meinung, dass sich ein hörerorientierter Text auf wenige Hauptaussagen beschränken sollte, die „durch deutlich untergeordnete Nebenaussagen gestützt werden" (S.74). Ein solcher Aufbau unter dem Prinzip „thematische Kontinuität" beschränkt die Freiheiten in der Textgestaltung zwar erheblich, stellt aber gleichzeitig sicher, dass den Anforderungen an den Aufbau eines kohärenten mentalen Modells beim Rezipienten Rechnung getragen wird (Schnotz, 1994, S.229).

Zusammenfassung der Erkenntnisse zur Wortwahl und zur Satzgestaltung
Die hier vorgestellten Mittel zur sprachlichen Gestaltung sind wichtig für die Zuhörerorientierung von Texten, die aufgrund fehlender Einflussmöglichkeiten des Zuhörers (z.B. auf das Tempo des Sprechers) besondere Anforderungen an die Verständlichkeit stellen (Mandl, Ballstaedt, Schnotz & Tergan, 1979, S.27). Tergan (1980) identifiziert „Kohärenz, Propositionsdichte, Zahl der verschiedenen Propositionsargumente und syntaktische Kom-

plexität" als relevante Determinanten der Textverständlichkeit und einer leichten Informationsverarbeitung (S.31). Ballstaedt et al. (1981) sprechen jedoch hinsichtlich der syntaktischen Gestaltung des Textes von einer „Hilfsfunktion", da sie bei eindeutigen semantischen Relationen zwischen den Konzepten eine untergeordnete Rolle spielt (S.207; vgl. dazu auch die Ausführung zu Passivsätzen).

3.2.2 Zuhörerorientierte Strukturierung von Podcasts auf einer Makroebene nach pädagogischen Prinzipien

Im Folgenden werden zunächst Lernziele und Advance Organizer vorgestellt. Sie sind als „fakultative Hilfen" zur Kohärenzbildung keine Bestandteile des eigentlichen Textes, sondern werden dem Text gewöhnlich vorangestellt. Der Zuhörer erhält durch diese Instrumente die Möglichkeit sich vorab inhaltlich zu orientieren, sein eigenes Vorwissen zu aktivieren und damit die Basis für den Aufbau eines kohärenten mentalen Modells zu schaffen (Schnotz, 1994, S.277) . Im Anschluss daran wird das Vorgehen bei der (inhaltlichen) Sequenzierung der eigentlichen Lerninhalte skizziert.

Lernziele

Ballstaed et al. (1981) definieren Lernziele als „Zielsetzungen des Lehrenden [...], die vom [Lerner] mehr oder weniger vollständig übernommen werden können und als Zielschema die Perspektive bestimmen unter der ein Text verarbeitet wird (S.130). Empirische Untersuchungen belegen, dass für Lerner klare Lernzielformulierungen einen wichtigen Aspekt von Lernangeboten darstellen (vgl. z.B. Klauser & Kim, 2003, S.30). Nach Haack und Mischke (2005) ist Lernen dann besonders erfolgreich, wenn Lerner intrinsisch motiviert sind. Bei intrinsisch motivierten Lernern ist die Übereinstimmung von persönlichen Zielen und vorgegeben Lernzielen besonders hoch (S.1). Die inhaltlichen Lernziele sollten daher immer an den Lernerinteressen ausgerichtet werden. Kramer (2003) schlägt vor, Inhalte gemäß konstruktivistischen Prinzipien[21] in für Lerner subjektiv bedeutsame Settings einzubetten (S.24). Durch eine solche Gestaltung soll eine interessenbasierte (intrinsische) Lernmotivation der Lerner sichergestellt werden. Die Lerner können den persönlichen Nutzen ihrer Lernaktivitäten erkennen und werden sich bei der Bildung ihrer persönlichen Lernziele eher an den vorgegebenen Lernzielen orientieren.

---

[21] vgl. Abschnitt 2.2.1

Bei der Gestaltung von Podcasts können Lernziele zwei Funktionen erfüllen. Erstens sollen sie die Aktivitäten der Lerner fördern und ausrichten. Dies kann etwa dadurch geschehen, dass die Lernziele explizit formuliert und der eigentlichen Geschichte vorangestellt werden. Zweitens kann die Gestaltung der Geschichte an den Lernzielen ausgerichtet werden. Seger (2001) zufolge sind die Handlungsstränge am leichtesten zu handhaben, „bei denen es darum geht ein Ziel zu verwirklichen oder eine Mission auszuführen" (S.113). Ein zielorientierter Handlungsablauf impliziert nämlich gleich eine grobe Struktur der Geschichte. Am Anfang der Geschichte setzt sich die Hauptfigur ein Ziel. Die Handlungen, welche die Hauptfigur ausführt, um ihr Ziel zu erreichen, kennzeichnen die Mitte der Geschichte. Das Erreichen des Ziels markiert regelmäßig das Ende der Geschichte (Seger, 2001, S.113). Ein solcher Verlauf der Geschichte ist zumeist gleichzeitig auch linear und erfüllt somit die Anforderungen an eine zuhörerorientierte Textstrukturierung.

Advance Organizer

Ein Advance Organizer bietet dem Lerner einen systematischen Überblick über Ziele und Struktur des vorgestellten Lerninhalts. In Anlehnung an Ausubel sehen Jungmann, Wirth, Petzoldt, Klauser und Schoop (2004) die Funktion eines Advance Organizers „im Anknüpfen an das jeweilige Vorwissen und dem Aufbau einer systematischen Struktur der Inhalte anhand von Begriffen" (S.32). Dazu sind beim Lerner die betreffenden Vorwissensstrukturen respektive die entsprechenden Konzepte zu aktivieren. Damit der Advance Organizer seine Funktion erfüllen kann, müssen Konzepte angesprochen werden, die der Lerner bereits kennt (Schnotz, 1994, S.280). Dementsprechend muss der Lehrende zunächst die Kenntnisse des Lerners beurteilen. Erst dann kann er in Auseinandersetzung mit den zu vermittelnden Inhalten einen klar strukturierten Advance Organizer entwerfen.

Zur Wirksamkeit von Advance Organizern liegen widersprüchliche empirische Befunde vor. Ballstaedt et al. (1981) bezweifeln, dass eine solche fakultative Hilfe eine zusätzliche lernförderliche Wirkung entfaltet, wenn der zugrunde liegende Text bereits so konstruiert ist, dass der Aufbau einer kohärenten Textbasis ohne Probleme möglich sein sollte (S.155). Es liegt daher im Ermessen des Lehrenden, ob er den Einsatz eines Advance Organizer im Hinblick auf Lerner und Lernsituation auch beim Storytelling für sinnvoll hält. Sollte sich der Lehrende dafür entscheiden, einen Advance Organizer einzusetzen, muss er bei der Gestaltung allerdings zusätzlich den Einfluss dieser Kohärenzbildungshilfe auf die inhaltlichen Elemente der dramaturgischen Handlungsstruktur und des Spannungsaufbaus berücksichtigen.

Sequenzierung

Der Begriff Sequenzierung umfasst allgemein die vorbereitende Organisation von Lernmaterialien in Form einer logischen Strukturierung der Lerninhalte. Diese Strukturierung soll die Lern- und Verstehensprozesse beim Lerner unterstützen und muss daher explizit das bestehende Vorwissen des Lerners sowie seine Fähigkeiten und Fertigkeiten berücksichtigen (Achtenhagen et al., 1992, S.86)

Insbesondere beim Lernen mit Texten wird die Konstruktion von (kohärenten) Wissensstrukturen im Wesentlichen vom Aufbau dieser Texte determiniert (Schnotz, 1994, S.227). Im Zusammenhang mit den Ausführungen zur zuhörerorientierten Satzgestaltung und Textstrukturierung wurden schon grundlegende Prinzipien[22] zur Sequenzierung von Texten angesprochen, die nun unter pädagogischer Perspektive weiter konkretisiert werden sollen.

Die Art der Sequenzierung bestimmt nach Ballstaedt et al. (1981), „welche Informationen zusammen und welche getrennt dargeboten werden. Damit beeinflusst sie die Wahrscheinlichkeit einer Verknüpfung der betreffenden Informationen und somit die Art der Integration der bestehenden Wissensstruktur" (S.157). Um das Grundprinzip einer thematischen Kontinuität des Textes sicherzustellen, muss das zu vermittelnde Wissen zunächst hinsichtlich seiner inhaltlichen Struktur analysiert werden (Schnotz, 1994, S.254). Dadurch soll sichergestellt werden, dass der Lehrende nicht selbst den Überblick über die (komplexen) Lerninhalte verliert, sondern bei der Erstellung lernzielorientiert vorgeht (Schnotz, 1994, S.230).

Eine Variante zur Analyse der Wissensstruktur bietet die Elaborationstheorie von Reigeluth. Hier werden zunächst die Lehrinhalte nach den Kategorien „Konzepte", „Prozeduren" und „Prinzipien" klassifiziert. Je nach Klassifikation unterscheidet sich die Aufbereitung der Inhalte im Detail. Grundsätzlich wird aber zunächst jeweils ein Überblick über die grundlegendsten Aspekte des Themas gegeben, bevor die Lerninhalte schrittweise ausdif-

---

[22] vgl. Ausführungen zur Satzentwicklung und zur Linearität in Abschnitt 3.2.1

ferenziert werden (Paechter, 1996, S.10). Im Folgenden wird kurz auf die drei Kategorien eingegangen (Paechter, 1996, S.10-13)

- **Konzepte.** Diese Kategorie beschreibt Gruppen von Objekten, Eigenschaften und Symbolen, welche die gleichen Eigenschaften besitzen und zur gleichen Kategorie gehören. In der deutschen Sprache bezeichnen z.B. fast alle Substantive Konzepte. Die Strukturen dieser Kategorie ergeben sich aus den Beziehungen zwischen den Konzepten oder Konzeptgruppen. So gehören z.B. zum Konzept „Wetter" die Unterkonzepte „Regen" und „Sonnenschein". Das Konzept „Wetter" ist gleichzeitig ein Unterkonzept des komplexeren Konzeptes „Klima".
- **Prozeduren.** Unter einer Prozedur wird eine Abfolge von Handlungsschritten verstanden, die der Erreichung eines Zieles dienen. Die Struktur dieser Kategorie folgt aus der geordneten Abfolge von Handlungsschritten, die auf das Ziel ausgerichtet sind und möglichen Entscheidungsalternativen. Entscheidungsalternativen bezeichnen „Verzweigungen im Handlungsablauf, an denen je nach den Umgebungsbedingungen eine von unterschiedlichen Handlungsalternativen gewählt wird" (Paechter, 1996, S.11).
- **Prinzipien.** Unter diese Kategorie fallen „Ursache-Wirkungs-Beziehungen bzw. Zusammenhänge zwischen zwei oder mehr Konzepten. Wenn Konzepte in kausallogischer Beziehung zueinander stehen, lassen sich bei Veränderung eines Konzeptes Aussagen über die Veränderungen der verbundenen Konzepte treffen. Die Struktur dieser Kategorie ergibt sich aus der Konzeptstruktur und den „Ursache-Wirkungs-Beziehungen" zwischen den Konzepten.

Das Hauptziel der Wissensstrukturanalyse sieht Schnotz (1994) in der Herausarbeitung der hierarchischen Strukturen, die (wie gesehen) durch die semantischen Relationen einzelner Wissenseinheiten bestimmt sind (S.235).

Allerdings kann die Entscheidung für die Sequenzierung des Textes nicht allein auf die Inhaltstruktur abgestellt werden. Vielmehr ist ein didaktisches Konzept zu entwickeln, dass neben der sachlogischen Struktur des Textes auch die Lernziele und die Lernervoraussetzungen berücksichtigt (Mandl, H., Ballstaedt, S.-P., Schnotz, W. & Tergan, S.-O., 1979, S.25).

Viele der angesprochenen Gesichtspunkte werden insbesondere erfahrene Lehrende bereits automatisch bei der Aufbereitung des Lehrmaterials berücksichtigen. Das genaue Vorgehen der Lehrenden bei ihrer Vorbereitung wird sich in der Lehrpraxis oft erheblich unterscheiden. Zumindest eine explizite Formulierung der Lernziele und eine grobe Strukturierung der Lerninhalte unter Berücksichtigung dieser Lernziele sollten dabei jedoch die Grundlage jedes gestalterischen Vorgehens bilden.

3.3 Inhaltliche Gestaltung von Podcasts

Subjektiv bedeutsame Probleme als zentraler inhaltlicher Bezugspunkt

Um eine Geschichte für den Lerner möglichst spannend und herausfordernd zu gestalten, sollten die behandelten Themen bzw. Probleme großes Identifikationspotenzial bieten (Wirth & Klauser, 2004, S.20). So ermöglichen vor allem Geschichten aus der Beruf- und Alltagswelt des Lerners das Erzeugen von Interessen oder das Nutzen von vorhandene Interessen (Bogaschewsky et al., 2002, S.12). Eine wichtige Rolle für die Identifikationsprozesse spielen auch die Hauptfiguren[23] der Geschichte (Wirth, 2006b, S.8). Diese „Protagonisten" stehen im Zentrum der Handlung und sehen sich gewöhnlich einer Problemstellung gegenüber, die sie lösen müssen (Reinmann, 2006, S.9).

Eine Geschichte wird z.B. dann die Anforderungen an die subjektive Bedeutsamkeit und an die Identifikationsprozesse erfüllen, wenn der Lerner erkennt, dass ihn ein solches Problem auch jederzeit in der Realität selbst begegnen könnte. Im Idealfall kann und will er sich in die Hauptfigur hineinversetzen, um ähnliche Probleme in der Alltagswelt besser verstehen und lösen zu können. Bei Edelson und Joseph (2001) wird in diesem Zusammenhang noch einmal das enge Verhältnis von Identifikationsprozessen und dem Konstrukt Interesse deutlich. In Anlehnung an Schiefele führen sie aus, dass „interest leads to a mastery goal orientation. When learners are motivated by interest, they are motivated by the intrinsic reward of having knowledge that they recognize will be useful to them" (S.9). Die Lerner streben bei interessenbasierten Lernaktivitäten nach einem tieferen Verstehen der Thematik, da sie die erlernten Kenntnisse, Fähigkeiten und Fertigkeiten in realen Situationen nutzen und nicht nur in Tests reproduzieren wollen (Edelson & Joseph, 2001, S.9).

---

[23] Im weiteren Verlauf der Untersuchung wird von Figuren statt von Personen gesprochen, da die Gestaltungsprinzipien, die hier vorgestellt werden, insbesondere auf die Konstruktion von fiktiven Geschichten durch den Lehrenden abzielen.

Dramaturgische Handlungsstruktur

Jeder erzählten Geschichte liegt eine dramaturgische Grundstruktur zugrunde, der sogenannte „Plot". Der Plot umfasst Wirth (2006b) zufolge wesentliche Figuren, „deren Beziehungen zueinander, eine spezifische Raum-/Zeitstruktur sowie einen Grundkonflikt bzw. ein bestehendes Problem." Wie bereits angedeutet wurde, ist das Ziel der Geschichte gewöhnlich die Problemlösung. Von den Figuren erfordert die erfolgreiche Auflösung des Problems intentionales Handeln (S.5).

Eine Geschichte beginnt mit der Exposition. Hier wird der Zuhörer gewöhnlich über den Ort und die Zeit der Handlung, die handelnden (Haupt-) Figuren und ihre Beziehungen zueinander informiert. In der Exposition wird zudem der die Geschichte prägenden Konflikt entwickelt. Dessen Entstehung kennzeichnet das Ende der Exposition im sogenannten Point of Attack (Eder, 1999, S.52). Das Ereignis, das den Point of Attack markiert, wirft beim Zuhörer regelmäßig eine zentrale Frage auf, die sich grundsätzlich mit dem zentralen Problem der Geschichte beschäftigt. Die Hauptfigur beginnt sich mit dem Problem auseinanderzusetzen (Eder, 1999, S.63). Der Höhepunkt bezeichnet schließlich das Ereignis, an dem das zentrale Problem der Geschichte gelöst bzw. die zentrale Frage beantwortet wird. Er stellt auch regelmäßig das Ende der Geschichte dar (Wirth, 2006b, S.5). Der Hauptteil der Geschichte zwischen Point of Attack und Höhepunkt umfasst zumeist noch mehrere sogenannte Plot Points. Ein Plot Point kann definiert werden als ein Ereignis, in dem „ ein Teilziel der Hauptfigur endgültig erreicht wird oder verfehlt wird, und sie ein neues Teilziel auf dem Weg zur Lösung des zentralen Problems ins Auge fasst" (Eder, 1999, S.105). Plot Points bilden auch Wendepunkte in der Geschichte, die zentrale Fragestellungen aus einer neuen Perspektive wieder aufgreifen und so Spannung aufbauen oder aufrechterhalten (Wirth, 2006b, S.6). Das Konzept Spannung ist eng mit dem dramaturgischen Handlungsaufbau verbunden, stellt aber gleichzeitig ein eigenständiges Gestaltungsprinzip dar.

Spannungsaufbau

Eder (1999, S.18) sieht in der Spannung[24] das zentrale Moment, das Zuhörerinteresse und in Folge die Aufmerksamkeit determiniert. Pfister (1994) zufolge ergibt sich das Spannungspotenzial einer Geschichte „aus einer nur partiellen Informiertheit von Figuren und/oder Rezipienten in Bezug auf folgende Handlungssequenzen". Spannung realisiert sich demnach „im ‚Spannungsfeld' von Nichtwissen und antizipierter Hypothese aufgrund gegebener Informationen" (S.142). Der erste Spannungsaufbau wird durch Andeutungen ausgelöst, die auf das zentrale Problem der Geschichte hinweisen. Schrittweise konkretisiert sich das Problem, indem der Zuhörer immer mehr Informationen erhält. Tritt das Problem erst einmal deutlich hervor, wird durch ein Antwortversprechen die Spannung aufrecht erhalten, also durch Hinweise darauf, dass das Problem gelöst werden kann und (gegebenenfalls) auch gelöst wird (Wirth, 2006b, S.6).

Das Gestaltungsprinzip Spannung kommt insbesondere im Film zur Anwendung. Es kann allerdings davon ausgegangen werden, dass es sich auch für reine Audiomedien hervorragend eignet. Weidenmann (1997) zufolge deuten verschiedene empirische Studien darauf hin, dass rein akustische Präsentationen im Vergleich zum Film/Video stärker die Imagination der Rezipienten fördern. Eine spannende Gestaltung von Lernangeboten kann zu einer hohen emotionalen Beteiligung der Lerner führen und die Produktion lebendiger innerer Bilder anregen (S.422).

Ein hervorragendes Beispiel für die Wirkungsweise von Spannung und Dramaturgie bei Audiomedien stellt die Ausstrahlung des Hörspiels „The Invasion from Mars" dar. Ende der 1930er Jahre sendete der amerikanische Hörfunk diese Produktion unter der Regie von Orson Welles. Angelehnt an ein Buch von H.G. Wells wurde eine Invasion von außerirdischen Wesen geschildert. Die Umsetzung des Romans als Nachrichtensendung, in der nach und nach neue Informationen über den „Angriff" geliefert wurden, empfanden viele Amerikaner als äußerst realistisch. Es kam zu Irritationen und zum Teil zu panikartigen Reaktionen unter den Zuhörern (Jäckel, 2005, S.87-89). Diese Reaktionen waren natürlich nicht intendiert, sie zeigen aber, wie stark die realistische und spannende Gestaltung einer Geschichte einen Menschen beeinflussen kann.

---

[24] Spannung ist Seibel (2004) zufolge ein „Zustand psychophysischer Wachheit, der durch die Aktualisierung des Spannungspotenzials in Texten, in denen die Informationsvergabe durch Linearität bzw. Sukzessivität gekennzeichnet ist [...], bei der Rezeption hervorgerufen werden kann" (S.613). Bereits in dieser Definition wird die Verbindung des Spannungsbegriffs mit dem Konzept Aktiviertheit offenbar.

Obwohl Eder die Spannung mit dem Interessenbegriff in Zusammenhang bringt, so stellen sowohl Spannung als auch Dramaturgie innerhalb des begrifflichen Rahmens dieser Untersuchung eher konstituierende Elemente der (aktuellen) intrinsischen Motivation einer Person dar. Wenn eine Geschichte streckenweise Inhalte behandelt, die der Zuhörer schon gut kennt, besteht die Gefahr, dass seine Gedanken abschweifen. Ein Leser hat hier die Möglichkeit, die entsprechenden Stellen zu überspringen. Der Zuhörer hat diese Möglichkeit nicht. Die dramaturgische Gestaltung und das Spannungsmoment können die intrinsische Motivation des Zuhörers aufrechterhalten, wenn die Einflussgröße Interesse (am Lerngegenstand) dafür nicht mehr ausreicht.

3.4 Förderung von Zuhörfertigkeiten durch Podcasts

In Abschnitt 2.2.2 wurden Potenziale und Beschränkungen der Förderung und Entwicklung von Zuhörfertigkeiten aufgezeigt. Nachfolgend werden Möglichkeiten skizziert, wie sich diese Fertigkeitsentwicklung zumindest partiell in das Lernen und Lehren mit Podcasts integrieren lässt. Dabei soll das HURIER-Modell von Brownell als Bezugsrahmen dienen (Brownell, 1994, S.4 und 10).

Das HURIER-Modell des Zuhörens (Abbildung 5) umfasst den gesamten Zuhörprozess von der Wahrnehmung der akustischen Reize bis hin zur Reaktion. Der Zuhörprozess wird auf jeder Ebene der Wahrnehmung und Verarbeitung von subjektiven Zuhörermerkmalen wie Rollen, Einstellungen und Werten beeinflusst. Dadurch kann dieselbe Nachricht wegen des konstruktiven Charakter des Prozesses unterschiedlich verstanden, interpretiert und bewertet werden und in der Folge unterschiedliche Reaktionen nach sich ziehen (Imhof, 2003, S.40).

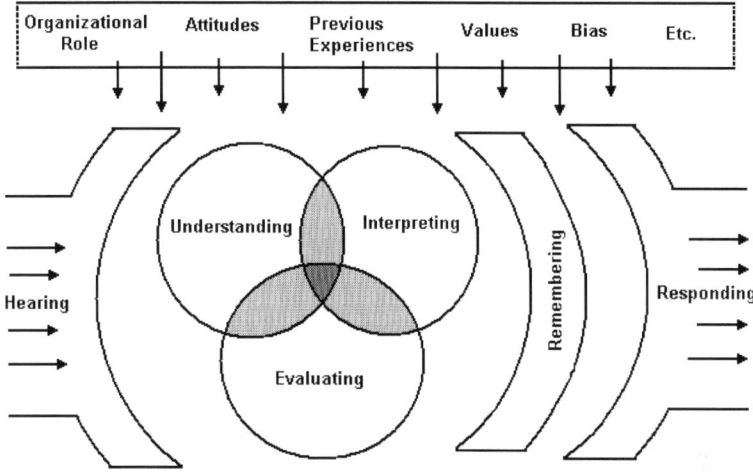

Abbildung 6: Brownells HURIER Model of Listening (1986; aus Brownell, 1994, S.5)

Im Hinblick auf eine Zuhörförderung mittels Podcasts werden vor allem drei ausgewählte Aspekte des Modells für wichtig erachtet (Brownell, 1994, S.10):

- **Behalten.** Wie bereits mehrfach angedeutet wurde, spielt das Gedächtnis eine wichtige Rolle für effektives Zuhören. Das kurzfristige Behalten des Gehörten beeinflusst alle anderen Teilprozesse des Zuhörens und in der Folge auch das langfristige Behalten (in Form von neu aufgebauten bzw. elaborierten Wissensstrukturen).
- **Interpretieren.**[25] Für eine „richtige" Interpretation der Nachricht muss der Zuhörer spezielle Charakteristika der Zuhörsituation berücksichtigen. Dazu gehören insbesondere die Persönlichkeitsmerkmale des Sprechers, wie etwa dessen Werte, Einstellungen und Erfahrungen sowie die aktuelle Situation, in der sich der Sprecher befindet. Beim Storytelling kann sich eine Zuhörsituation z.B. in einer Diskussion zwischen handelnden Figuren sowie in den dazugehörenden Personen- und Umgebungsvariablen konkretisieren.
- **Bewerten.** Wenn der Zuhörer eine Nachricht auswertet, muss er neben den eben beschriebenen Aspekten der Interpretation auch noch eigene personale und situationale

---

[25] Wenn beim Storytelling nicht mit (authentischen) Erfahrungsgeschichten von Experten gearbeitet wird, sondern mit fiktiven Geschichten, die der Lehrende ausgestaltet hat, müssen grundsätzlich zwei Ebenen der Interpretation berücksichtigt werden. Zum einen lassen sich Zuhörsituationen der handelnden Figuren innerhalb der Geschichte interpretieren. Zum anderen muss auf einer übergeordneten Ebene auch der Lehrende als Erzähler der Geschichte in die Interpretation einbezogen werden.

Umstände in seine Betrachtung einbeziehen. Guten Zuhörern gelingt es, die aus diesen Umständen entstehenden Verzerrungen in Wahrnehmung, Interpretation und Bewertung möglichst gering zu halten. Außerdem sollte der Zuhörer vor der Bewertung einer Nachricht alle darin enthaltenen Informationen berücksichtigen, das heißt die Nachricht bis zum Ende anhören.

Zum Trainieren der Behaltensfähigkeit bietet sich beispielsweise das Zusammenfassen (summarizing) als Lernstrategie an. Die Lerner müssen die zentralen Gedanken des Textes bzw. der Geschichte in eigenen Worten (mündlich oder schriftlich) wiedergeben (Ertl & Mandl, 2004, S.7). Niegemann et al. (2004) zufolge fördert das Zusammenfassen von Texten eine aktive Konstruktion von Wissen (S.233). Beim Lernen mit Podcasts kann der Lerner seine eigene Behaltensleistung durch diese Lernstrategie kontrollieren (indem er den Podcast z.B. auf dem Weg zur Arbeit hört und erst am Abend zu Hause zusammenfasst).

Für das Lernen der Teilfertigkeiten Interpretieren und Bewerten soll auf Ansätze der Kommunikationswissenschaften zurückgegriffen werden. So haben etwa Henninger und Mandl (2000) ihr „Konstruktivistisches Kommunikations- und Verhaltenstraining" (KVT) an theoretische Überlegungen zu Sprachrezeption und Sprachproduktion (Herrmann, 1992) sowie zu den Funktionen der Sprache (Bühler, 1934) angelehnt (Henninger & Mandl, 2000, S.205). In den folgenden Ausführungen stellt das Kommunikationsquadrat[26] von Friedeman Schulz von Thun den theoretischen Bezugspunkt dar. Dieses Kommunikationsmodell hat sich als besonders praxistauglich erwiesen und ist regelmäßig Bestandteil des Lehrplans an Berufsbildenden Schulen im Fach Deutsch/Kommunikation (Christman & Leis, 2005, S.1).

Fittkau, Müller-Wolf und Schulz von Thun (1994) zufolge ist die mündliche Kommunikation mit ihren zwei Seiten Sprechen und Zuhören ein komplexer Prozess, der sehr anfällig für Störungen ist. Metakommunikative Fähigkeiten können helfen, die Kommunikation effektiver zu machen. Wenn Sprecher und Zuhörer die Kommunikationsprozesse verstehen lernen, können sie durch Reflexion des eigenen Verhaltens und die Analyse der Kommunikationssituation mögliche Störungen verkleinern (1994, S.9). Schulz von Thun, Ruppel

---

[26] Schulz von Thuns Kommunikationsmodell ist angelehnt an Arbeiten von Bühler und Watzlawick. Bühler unterscheidet zwischen den drei Aspekten der Sprache, Darstellung (=Sachinhalt), Ausdruck (=Selbstoffenbarung) und Appell. Watzlawick differenziert zischen Inhalts- und Beziehungsaspekt von Nachrichten (Fittkau et al., 1994, S.21).

und Stratmann (2000) proklamieren, dass ein Sprecher mit jeder Äußerung zwangsläufig vier Botschaften übermittelt, der Zuhörer diese Nachricht über „vier Ohren" empfängt (S.33-41):

- **Sachinformation.** Jede Nachricht enthält sachliche Informationen. Diese werden meist explizit ausgesprochen. Die Vermittlung von Sachinformationen steht (zumindest in beruflichen Situationen) häufig im Zentrum der Kommunikation.
- **Selbstoffenbarung.** Jede Nachricht beinhaltet auch Informationen über den Sprecher. Diese können sowohl explizit ausgedrückt werden, als auch implizit in der Nachricht enthalten sein.
- **Beziehungshinweis.** Eine Nachricht sagt regelmäßig etwas über die Beziehung zwischen Sprecher und Zuhörer aus. Dies kann durch sprachliche Mittel wie explizite Formulierungen ebenso offenbar werden wie durch den Tonfall (bzw. durch nichtsprachliche Begleitsignale bei direkter Kommunikation).
- **Appell.** Nachrichten haben fast immer einen Zweck. Gewöhnlich will der Sprecher den Zuhörer beeinflussen. Dies kann explizit geschehen, indem der Sprecher etwas fordert oder implizit über andere Seiten der Kommunikation.

Diese Charakteristika der Kommunikation gelten nicht nur für gewöhnliche Gesprächssituationen, sondern auch für das Erzählen von Geschichten, eine Erkenntnis, die Gold, Holman und Thorpe (1999) so formulieren:

„Stories are also seen as containing claims, propositions, statements of fact and assertions. In other words, a story will contain, either explicitly or implicitly, arguments that support that story"(S.2).

Daher gilt auch für Geschichten, dass ein guter Zuhörer die Botschaft genau analysieren muss. Der Zuhörer soll die Situationen in den Geschichten bzw. die Geschichte selbst hinsichtlich der verschiedenen Seiten der Kommunikation einschätzen und seine Annahmen begründen, und zwar unter Berücksichtigung von personalen und situationalen Einflussfaktoren. Indem er gleichzeitig seine eigene Situation betrachtet und im Sinne eines empathischen Zuhörens versucht „to see everything through the speaker's eyes" (Shoho, Woods & Smith, 2006, S.17), können die Störungen im Kommunikationsprozess minimiert werden. Gleichzeitig erfasst der Zuhörer im Idealfall „den Aufbau und die Argumentationsstruktur des vorgetragenen Textes oder der mündlichen Äußerung" und setzt „den Inhalt der Botschaft mit der Form der Übermittlung in Beziehung [...], etwa indem er Überredungs- und Beeinflussungsstrategien des Sprechers erkennt und mit verarbeitet" (Imhof, 2003, S.42).

Der Zielzustand eines empathischen und zugleich kritischen Zuhörens erfordert den Einsatz „höherer Denkprozesse zur Analyse, Synthese und Bewertung der akustisch vermittelten Information" (Imhof, 2003, S.42) und geht auf Seite der Wissensrepräsentation mit dem Aufbau bzw. der Elaboration komplexer mentaler Modelle einher. Um diese Ebene der Zuhörfertigkeiten zu erreichen, können Podcasts als „instruktionaler Hebel" eingesetzt werden, um die Zuhörfertigkeiten der Lerner nach und nach zu verbessern. Während die Grundlagen von Schulz von Thuns Kommunikationsmodell in Präsenzlernphasen behandelt werden (und auch werden sollen), bieten sich Podcasts zum Einsatz des Modells als Analyseinstrument von subjektiv bedeutsamen Kommunikations- und Problemsituationen außerhalb des gewöhnlichen Unterrichts an.

3.5 Kriterienkatalog für die Bewertung und Ausgestaltung von Podcasts aus einer pädagogischen Perspektive

Die Erkenntnisse zur zuhörerorientierten Gestaltung von Lerntexten aus den Abschnitten 2.2 und 2.3 werden in Tabelle 1 noch einmal schematisch festgehalten.

Dimension	Aspekte	Kriterien
Sprachliche Textgestaltung	**Semantik** Sprachlich-inhaltliche Kohärenz zur Vermeidung einer Überlastung der Verarbeitungskapazitäten	Linearität • Kohärente inhaltliche Struktur auf Ebene von Sätzen und Satzsequenzen Satzentwicklung • Kohärente propositionale Struktur
	Syntaktik Sprachlich-syntaktisch angemessene Struktur zur Vermeidung einer Überlastung der Verarbeitungskapazitäten	• Richtige Wortwahl • Angemessene Informationsdichte • Aktivsätze statt Passivsätze • Vermeiden von Schachtelkonstruktionen • Redundanz statt Varianz • Einfache Aussagen statt doppelter Verneinungen
Makrostrukturelle Textgestaltung	**Fakultative Hilfen** Aktivierung des Vorwissens, Anknüpfungspunkte für den Ausbau von Wissensstrukturen	Lernziele • Ausrichtung der Lernaktivitäten Advance Organizer • Systematisierung von Zielen und Inhalten
	Inhaltliche Strukturierung Textlich-inhaltliche Kohärenz, Unterstützung des Aufbaus kohärenter Wissensstrukturen	Sequenzierung • Kohärente inhaltliche Struktur auf Textebene
Inhaltliche Textgestaltung	**Interessenorientierung** Aufmerksamkeit, insbesondere Aktiviertheit	Subjektiv bedeutsame Probleme • Berufs- und Alltagssituationen • Identifikationsfiguren
	Motivation Aufmerksamkeit, insbesondere Aktiviertheit und Selektion	Dramaturgische Handlungsstruktur • Exposition, Hauptteil, Höhepunkt Spannungsaufbau • Partielle Informiertheit

Tabelle 1: Kriterienkatalog zur Gestaltung von Podcasts zum Lehren und Lernen

Der Kriterienkatalog ist als Leitfaden für die Konstruktion Podcasts ausgerichtet, in denen der Lerner über Storytelling zur Entwicklung von Wissen und Können angeregt werden soll. In Abschnitt 4 wird beispielhaft die Produktion eines Podcasts auf Grundlage des Kriterienkataloges dargestellt. Zuvor werden in Abbildung 7 die Ergebnisse dieser Untersuchung noch einmal graphisch aufgearbeitet. Abbildung 7 erweitert die Abbildung 4 um die Gestaltungsprinzipien für das Storytelling.

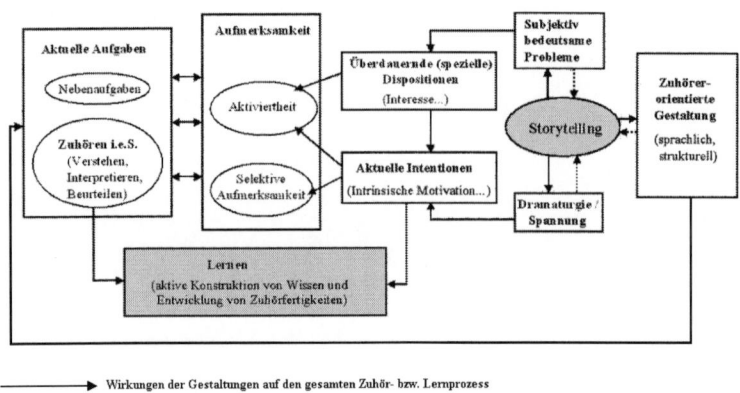

Abbildung 7: Vollständige Übersicht über die Wirkungszusammenhänge der vorgestellten Konzepte und die abgeleiteten Gestaltungsprinzipien für das Storytelling

4 Erstellen eines Podcasts für den Einsatz in der beruflichen Weiterbildung unter Anwendung des erarbeiteten Kriterienkatalogs – „Spannungen beim Thema Klima"

4.1 Rahmenbedingungen für die Produktion und den Einsatz des Podcasts

Zusatzqualifikation Kaufmann/Kauffrau in der Energie- und Wasserwirtschaft

Seit einigen Jahren unterliegt die Wirtschaft im Allgemeinen sowie die Energie- und Wasserbranche im Besonderen zunehmend dynamischen Entwicklungen. Christopher Seibel, Leiter Personal bei der Verbundnetz Gas AG und gleichzeitig Vorsitzender des Hauptausschusses Personal im Bundesverband der deutschen Gas- und Wasserwirtschaft e.V. (BGW), betont die Erfordernisse, die sich aus diesen Veränderungen für die berufliche Aus- und Weiterbildung ergeben: „Wer auf globalisierten Märkten bestehen will, braucht Mitarbeiter, die branchenspezifisches Fachwissen haben und sich den immer schneller verändernden Marktanforderungen stellen können." (oak media GmbH, 2007).

Um diesen Erfordernissen Rechnung zu tragen, führt der BGW in Zusammenarbeit mit dem Lehrstuhl für Berufs- und Wirtschaftspädagogik der Universität Leipzig und namhaften Unternehmen die Zusatzqualifikation Kaufmann/Kauffrau in der Energie- und Wasserwirtschaft durch. Das Curriculum für den Lehrgang wurde auf Basis einer Untersuchung der aktuellen und künftigen Anforderungen an Kaufleute in mehr als 20 Unternehmen der Energie- und Wasserwirtschaft entwickelt. Die Ausbildung wird in Leipzig durchgeführt, die Prüfung wird durch die IHK Leipzig abgenommen (Pollmer, 2007). Die wissenschaftliche Begleitung durch den Lehrstuhl für Berufs- und Wirtschaftspädagogik der Universität Leipzig soll die Qualität der Weiterbildungsmaßnahme sichern und Ansatzpunkte für Verbesserungen aufzeigen. In einem überarbeiteten Curriculum könnten Podcasts als Bestandteile eines Blended Learning-Konzeptes in die Ausbildung integriert werden.

Thema des Podcasts

Den fachlichen Hintergrund des Podcasts bildet der Themenbereich Ökologie und insbesondere die globale Klimasituation. Die nachfolgenden Inhalte sind sämtlich einem Vortrag entnommen wurden, den Frau Dipl.-Wirtsch.-Ing. Ilka Merker im Rahmen des oben genannten Lehrgangs gehalten hat (Leipzig, 14.04.2007). Die Inhalte werden nach Maßgabe des hier entwickelten didaktisch-methodischen Konzeptes in eine realitätsnahe, objektiv und subjektiv bedeutsame Problemsituation eingebettet, die im Sinne des Storytelling-Ansatzes als Geschichte auszugestalten ist. Da der Podcast nicht nur Fachinhalte vermitteln, sondern auch die Zuhörfertigkeiten der Lerner fördern soll, wird eine Diskussion zwischen zwei handelnden Figuren Bestandteil des Podcasts sein. Diese Diskussion bildet den didaktisch-methodischen Bezugspunkt für die Fertigkeitsentwicklung.

4.2 Didaktisch-methodische Ausgestaltung anhand des Kriterienkatalogs

4.2.1 Makro-strukturelle Textgestaltung

Lernziele und Advance Organizer

Beim Formulieren von Lernzielen für den Podcast wird zunächst differenziert zwischen der fachlich-inhaltlichen Dimension und der Zuhörförderung. In einem ersten Schritt lassen sich explizite Lernzielformulierungen aus dem übergeordneten Curriculum ableiten:

- **Inhaltliche Lernziele.** Die Lerner kennen grundlegende Determinanten des globalen Klimas und können sie erläutern. Sie sind sich des Einflusses menschlicher Aktivitäten auf klimarelevante Prozesse und der möglichen Folgen bewusst. Die Lerner können die Notwendigkeit von Klimaschutzmaßnahmen erkennen und begründen. Sie sind sich darüber im Klaren, dass auch die Energie- und Wasserwirtschaft für den Klimaschutz Verantwortung trägt.
- **Zuhörfertigkeiten.** Die Lerner erkennen den Einfluss von personalen und situationalen Faktoren auf das Zuhören. Sie berücksichtigen diese Faktoren beim Interpretieren und Beurteilen von Botschaften.

In einem zweiten Schritt ist die subjektive Bedeutsamkeit der Lernziele herauszuarbeiten, damit eine möglichst große Übereinstimmung zwischen den persönlichen Lernzielen des Lerners und den vorgegebenen Lernzielen erreicht wird. Dies kann etwa dadurch geschehen, dass die Lernzielformulierungen bereits Eckpunkte der interessenorientierten Geschichte aufgreifen, welche dem Lerner den Nutzen der Inhalte aufzeigen.

Auf einen ausführlichen Advance Organizer wird im Rahmen dieser beispielhaften Podcastproduktion verzichtet. Die Systematisierung der Lerninhalte beschränkt sich hier auf eine grobe curriculare Einordnung. Insbesondere wenn Podcasts Bestandteile modular konzipierter Lehrgänge sind, sollte ein Advance Organizer den Lernern jedoch genauer die Zusammenhänge zwischen den einzelnen Modulen deutlich machen und dadurch den Aufbau ganzheitlicher mentaler Modelle unterstützen.

Bei der konkreten Ausgestaltung bietet es sich an, innerhalb eines Einführungstextes die Lernziele des Podcasts vorzustellen bzw. die Lernziele und Lerninhalte zu systematisieren.

Seqenzierung

Die Inhalte des Podcasts lassen sich über die Kategorie „Prinzipien" der Elaborationstheorie analysieren. Tabelle 2 stellt die Lerninhalte mit ihren strukturierenden Elementen „Konzepte" und „Ursache-Wirkungs-Beziehungen" schematisiert dar. Dabei sind die Inhalte, die sich als „Ursache-Wirkungs-Beziehungen" deuten lassen, kursiv gekennzeichnet.

Globale Klimasituation	
Klimawandel	Klimaschutz
Natürlicher Treibhauseffekt • direkte Sonneneinstrahlung • Wärmestrahlung • Treibhausgasmoleküle • *Folge: mittlere Temperatur an der Erdoberfläche 15°C statt –18°C* **Anthropogener Treibhauseffekt** • Anreicherung der Atmosphäre mit Treibhausgasmolekülen *(Grund: menschliche Aktivitäten wie Nutzung fossiler Brennstoffe)* • *erwartete Folgen: Verstärktes Auftreten von Naturkatastrophen, Abschmelzen der Eismassen in den Polarregionen, Anstieg des Meeresspiegels ...– verschiedene Symptome bereits jetzt erkennbar*	**Klimaschutzpolitik** • Kyoto-Protokoll (internationale Vereinbarung über die Reduzierung des Ausstoßes verschiedener Treibhausgase) • *Erwartungen: Abmilderung der Konsequenzen des Klimawandels* **Anreize für Unternehmen** (nur angedeutet) • Nachhaltiges Wirtschaften • *Erwartungen: langfristig Wettbewerbsvorteile gegenüber der Konkurrenz*

Tabelle 2: Strukturierung der Lerninhalte für den Podcast

Die Gestaltungskriterien Lernziele, Advance Organizer und Sequenzierung bilden die makro-strukturelle Grundlage für die weitere inhaltliche Ausgestaltung des Podcasts.

4.2.2 Inhaltliche Textgestaltung

Subjektiv bedeutsame Probleme

Die primäre Zielgruppe des Podcasts sind junge kaufmännische Angestellte deutscher Unternehmen der Energie- und Wasserbranche. Als Identifikationsfigur für diese Zielgruppe bietet sich ein Protagonist aus dem gleichen beruflichen Umfeld an. Außerdem sollten sich die Lerner möglichst auch auf einer persönlichen Ebene in der Hauptfigur der Geschichte wiederfinden. Durch folgendes Kurzprofil des Protagonisten wird versucht diesen Anforderungen gerecht zu werden:

- Erik Köhler ist kaufmännischer Angestellter im mittelständischen Energieunternehmen Lava GmbH und in der Abteilung Verkauf und Marketing tätig.
- In seiner Freizeit chattet und telefoniert Erik regelmäßig übers Internet mit Maria Barrera aus Peru, die er in einem Internetforum kennengelernt hat.

Die zu vermittelnden Inhalte zur globalen Klimasituation sollen in realitätsnahe Berufs- und Alltagssituationen eingebettet werden. Wegen der Präsenz und Aktualität der Thematik in vielen Medien sollen die Lerner über eine Situation aus dem privaten Alltag an die Klimaproblematik herangeführt werden, aus der sie dann die Relevanz des Themas für ihren Beruf erkennen.

- Bei einem ihrer Telefonate kommen Erik und Maria auf das globale Klima zu sprechen. Während Maria davon überzeugt ist, dass der Mensch eine Hauptverantwortung für die globale Erwärmung trägt, ist Erik skeptisch. Die private Diskussion führt in das Thema ein und entwickelt die zentrale Problemstellung: Inwieweit beeinflusst der Mensch das globale Klima?
- Anschließend recherchiert Erik zum Thema. Über die Rechercheergebnisse wird die Relevanz Klimaproblematik für Eriks Beruf deutlich.

Dramaturgische Handlungsstruktur

Die Geschichte wird linear aufgebaut und durchläuft die drei Phasen Exposition, Hauptteil und Höhepunkt.

- **Exposition.** Erik Köhler wird vorgestellt. Es wird geschildert, dass er im Internet Maria Barrera aus Peru kennengelernt hat und regelmäßig mit ihr kommuniziert. Die zentrale Problemstellung wird über eine Diskussion zwischen den beiden Figuren entwickelt. In dem Streitgespräch werden in sehr emotionaler Weise zwei völlig verschiedene Standpunkte zum Thema Klimawandel vertreten. Erik ist der Ansicht, es gebe noch keine gesicherten wissenschaftlichen Beweise dafür, dass der Mensch die globale Klimasituation maßgeblich beeinflusst. Außerdem ist er der Meinung, die möglichen Folgen eines Klimawandels können nicht dramatisch sein. Maria dagegen hat verschiedene Naturkatastrophen persönlich miterlebt, die viele Wissenschaftler als Symptome einer zunehmenden globalen Erwärmung deuten. Sie ist überzeugt von der Schuld des Menschen und seiner Verantwortung für den Klimaschutz. Sie hält Erik für ignorant. Die Diskussion wird von beiden schließlich abgebrochen. Sie gehen im Streit auseinander. *In der Exposition wird die zentrale Problemstellung entwickelt. Dem Zuhörer stellen sich vor allem zwei zentrale Fragen: Wer hat im Hinblick auf die Klimaproblematik recht, Erik oder Maria? Werden die beiden ihren Streit beilegen?*

- **Hauptteil.** Erik Köhler sieht sich im Recht und ist aufgebracht über die seiner Meinung nach unangemessene Reaktion von Maria Barrera. Gleichzeit fühlt er sich aber auch schlecht wegen des Streits. Erik erhält eine Email von Maria, in der verschiedene Fotos von Marias zerstörtem Haus zu sehen sind. Außerdem ist der Email ein Zeitungsartikel aus einem wissenschaftlichen Magazin beigefügt, in dem eindringlich vor den möglichen Folgen einer übermäßigen globalen Erwärmung gewarnt wird. Erik beginnt daran zu zweifeln, dass seine Meinung die richtige ist und er fängt an zu recherchieren. Seine besondere Beachtung findet dabei der Treibhauseffekt. Erik erfährt, dass es einen Unterschied zwischen natürlichem und anthropogenem Treibhauseffekt gibt. Er erkennt außerdem, dass die möglichen Folgen des anthropogenen Treibhauseffektes alle Menschen, auch die Menschen in Europa, betreffen. Es fällt ihm zudem auf, welche zentrale Rolle die Energiebranche, also auch sein Arbeitgeber, beim Klimaschutz spielt. *Im Hauptteil der Geschichte wird ein Großteil der zu vermittelnden Lerninhalte behandelt. Der Zuhörer baut in dieser Phase der Geschichte seine Wissensstrukturen zu der Thematik aus. Wenn der Zuhörer ein kohärentes mentales Modell zu den Lerninhalten ausgebildet hat, kann er den Problemlösungsansatz gut nachvollziehen, den die Hauptfigur im Höhepunkt der Geschichte verfolgt.*

- **Höhepunkt.** Erik revidiert seinen ursprünglichen Standpunkt. Er ist jetzt davon überzeugt, dass der Mensch für den fortschreitenden Klimawandel verantwortlich ist. Gleichzeitig sieht er aber weiterhin die zentrale Bedeutung einer langfristig gesicherten Energieversorgung des Menschen. Ihm wird auch klar, dass beide Positionen keineswegs unvereinbar sind. Erik schreibt Maria eine Email und erklärt seinen neuen Standpunkt. *Im Höhepunkt wird die Problemstellung aufgelöst. Die zentralen Fragen werden beantwortet.*

Spannungsaufbau
Nachdem die zwei handelnden Figuren eingeführt worden sind, erfolgt eine Andeutung des sich anbahnenden Konflikts („Dann nimmt ihr Gespräch jedoch eine unerwartete Wendung"). Der Konflikt wird über eine Diskussion zwischen den Figuren fertig entwickelt. Die zentralen Fragen zum Konflikt[27] erzeugen eine gewisse Grundspannung. Mit einem Lösungsversprechen der Hauptfigur („Und dann fasst er einen Entschluss. Er würde herausfinden, wie es um das globale Klima bestellt ist...") stellt sich dem Zuhörer zusätzlich die Frage nach dem Lösungsweg. Damit baut sich das von Pfister (1994) beschriebene Spannungsfeld „von Nichtwissen und antizipierter Hypothese aufgrund gegebener Informationen" auf (S.142, vgl. auch Abschnitt 3.3), das bis zum Höhepunkt der Geschichte aufrechterhalten wird.

4.2.3   Die abschließende Ausgestaltung des Podcasts unter Berücksichtigung der sprachlichen Anforderungen an zuhörerorientierte Texte

Podcast Nr. 1 im Rahmen der Zusatzqualifikation Kaufmann bzw. Kauffrau in der Energie- und Wasserwirtschaft – Themenbereich Ökologie
Der folgenden Podcast erzählt die Geschichte zweier Freunde, die sich darüber streiten, inwieweit der Mensch das globale Klima beeinflusst. Die Geschichte soll uns darüber aufklären, wie sich menschliche Aktivitäten auf das Klima auswirken. Wir sollen erkennen, ob Klimaschutz wirklich notwendig ist und welche Verantwortung auch die Energie- und Wasserwirtschaft dafür trägt. Besonders aufmerksam wollen wir das Gespräch der beiden Freunde am Anfang der Geschichte verfolgen. Denn am Ende sollen wir beurteilen, wie die persönlichen Erfahrungen der Freunde und ihre aktuelle emotionale Verfassung den Verlauf des Gesprächs beeinflusst haben. Doch nun zur Geschichte.

---

[27] siehe Ausführungen zur dramaturgischen Handlungsstruktur

Spannungen beim Thema Klima – Eine Geschichte zum Klimawandel und zum Klimaschutz

Erik Köhler ist kaufmännischer Angestellter des regionalen Energieunternehmens Lava GmbH. Erik hat vor kurzem seine Ausbildung zum Industriekaufmann beendet und arbeitet nun in der Abteilung Marketing und Vertrieb. Seine Arbeit macht ihm Spaß. Erik Köhler versteht sich nämlich nicht nur hervorragend mit seinen Kollegen, er ist vor allem überzeugt davon, dass seine Arbeit wichtig ist. Als Mitarbeiter eines Energieunternehmens trägt er seinen Teil dazu bei, die Menschen mit Strom und Wärme zu versorgen. In seiner Freizeit surft Erik häufig im Internet. Über das Internet hat Erik auch Maria Barrera kennengelernt. Maria Barrera lebt in Peru, genauer gesagt in der Hauptstadt Lima, und studiert dort an der Universität Germanistik. Sie hat per Anzeige im Internet nach jemandem gesucht, mit dem sie sich auf Deutsch unterhalten konnte. Erik hat auf die Anzeige geantwortet und es kam eines zum anderen. So sind Erik und Maria Freunde geworden. Seit einiger Zeit telefonieren sie regelmäßig über das Internet miteinander. Da Marias Deutsch mittlerweile fast perfekt ist, diskutiert Erik mit ihr über alle möglichen Dinge. Er empfindet es als angenehm mit Maria zu sprechen, besonders weil sie beide so oft ähnlicher Meinung sind.

Eines Tages telefonieren Erik und Maria wieder miteinander. Zunächst plaudern sie wie üblich über allerlei Kleinigkeiten. Dann nimmt ihr Gespräch jedoch eine unerwartete Wendung. Es passiert genau in dem Augenblick, als Maria das Thema „Globales Klima" anspricht.

Maria sagt plötzlich: „Was sagst du eigentlich dazu, wie sich die USA in der aktuellen Klimadebatte verhalten?"

Erik reagiert verwirrt: „Klimadebatte? Äh, keine Ahnung... Was meinst du denn genau?"

„Erik", sagt Maria. „Schaust du denn gar keine Nachrichten? Die Vereinten Nationen besprechen in New York gerade die globale Klimasituation. Sie diskutieren über mögliche Auswirkungen des Klimawandels und beraten darüber, wie man das Klima am besten schützen kann. Nur der amerikanische Präsident ist immer noch der Meinung, es wäre doch gar nicht erwiesen, dass der Mensch das Klima beeinflusst! Klar, Klimaschutz ist für die USA ja auch ungemütlich. Die USA produzieren ja mehr Treibhausgase als alle anderen Länder!"

„Na ja", antwortet Erik. „Es wurde ja wirklich noch nicht zweifelsfrei nachgewiesen, dass der Mensch das Klima beeinflusst. Und die Sache mit der globalen Erwärmung... Wenn du mich fragst, ist das alles nur Panikmache!"

„Das kann nicht dein Ernst sein!", erwidert Maria. „Fast alle Wissenschaftler halten die globale Erwärmung für eine Tatsache. Aber du glaubst den paar Typen, die ‚ihre Zweifel haben'..."

„Selbst wenn das Klima ein bisschen wärmer wird, was ist denn schon dabei?", fragt Erik.

„Was ist schon dabei?", ruft Maria. „Weißt du eigentlich, was passieren kann, wenn die Durchschnittstemperatur der Erde nur ein paar Grad steigt? Bei uns in Peru wird El Niño dann zum Dauerzustand! Und ich glaube kaum, dass der Klimawandel an Deutschland spurlos vorübergeht!"

„El Niño?", entgegnet Erik fragend. Doch er wartet erst gar nicht darauf, dass Maria ihm erklärt, was El Niño eigentlich ist. Er sagte einfach, was er gerade denkt: „Hör mal Maria, diese Klimaschützer sind doch alles Träumer. Glaubst du wirklich, wir können am Klima etwas ändern, wenn wir kein Auto mehr fahren oder weniger Strom verbrauchen?"

„Ich hätte nie gedacht, dass du ein solcher Ignorant bist", schreit Maria und trennt die Verbindung.

Erik sitzt etwas verdutzt vor seinem Rechner. ‚Was ist denn in die gefahren', denkt er bei sich. Ihm ist nicht klar, was eben eigentlich passiert ist. Erik ist auch davon überzeugt, dass dieser Streit nicht seine Schuld gewesen ist. Maria würde sich schon wieder bei ihm melden. Dennoch geht ihm der Streit den ganzen Tag nicht aus dem Kopf. Am nächsten Tag erhält Erik eine Email von Maria. Doch der Inhalt überrascht ihn. Die Email enthält mehrere Fotos. Die Fotos zeigen Maria als junges Mädchen vor einem zerstörten, schlammbedeckten Haus. Unter den Fotos steht nur ein einziger Satz: Auswirkungen einer Schlammlawine in Peru, 1998. Außerdem ist der Email ein wissenschaftlicher Artikel beigefügt, in dem eindringlich vor den möglichen Auswirkungen der globalen Erwärmung gewarnt wird. Erik fühlt sich unwohl. Er beginnt an seinen Ansichten zur Klimaproblematik zu zweifeln. Und dann fasst er einen Entschluss. Er würde herausfinden, wie es um das globale Klima bestellt ist. Er würde herausfinden, was es mit dem Klimawandel auf sich hat und was diese ganzen Klimaschützer eigentlich wollen. Dann würde er hoffentlich auch wissen, was das alles mit diesem El Niño und der Schlammlawine in Peru zu tun hat. Erik startet seine Recherche im Internet. Danach geht er in die Bibliothek um sich noch weiter in die Thematik zu vertiefen. Erik ist fasziniert von der Klimathematik. Zunächst findet er heraus, dass das Klima in erster Linie vom sogenannten natürlichen Treibhauseffekt beeinflusst wird. Der Motor des Treibhauseffektes aber ist die Sonne.

Der natürliche Treibhauseffekt funktioniert so: Sonnenlicht trifft zunächst direkt auf die Erde. Die Erde absorbiert das Sonnenlicht, gibt die aufgenommene Energie aber in Form von Wärmestrahlung wieder an die Atmosphäre ab. Diese Wärmestrahlung wird wiederum von verschiedenen Teilchen in der Atmosphäre reflektiert und auf die Erde zurückgestrahlt. Diese Teilchen nennt man auch Treibhausgasmoleküle. Die Treibhausgasmoleküle wirken ungefähr wie das Glasdach eines Gewächshauses. Sie halten einen großen Teil der Sonnenenergie in der Atmosphäre fest. So erwärmt sich die Erdoberfläche auf eine mittlere Temperatur von etwa 15°C. Ohne den natürlichen Treibhauseffekt würden die Wärmestrahlen von der Erde ungehindert in den Weltraum entweichen. Die Erde wäre eine Eiswüste mit einer durchschnittlichen Oberflächentemperatur von −18°C.

Erik ist beeindruckt von der großen Bedeutung des natürlichen Treibhauseffektes. Er recherchiert weiter. Fast jede von Eriks Quellen weist darauf hin, dass sich der Treibhauseffekt in den letzten Jahren zunehmend verstärkt hat. Dieses Phänomen wird anthropogener Treibhauseffekt genannt, da die Verstärkung menschlichen Aktivitäten zugeschrieben wird. Der Mensch nutzt fossile Brennstoffe wie Erdöl und Kohle, um Energie zu gewinnen. Wenn Erdöl oder Kohle verbrannt werden, wird Kohlendioxid freigesetzt. Kohlendioxid wiederum ist eines der wichtigsten Treibhausgase. Es reichert sich in der Atmosphäre an und verstärkt so den Treibhauseffekt. Der anthropogene Treibhauseffekt könnte nach Ansicht vieler Wissenschaftler weitreichende Auswirkungen haben. So erwarten die Wissenschaftler z.B., dass es verstärkt zu Stürmen und Flutkatastrophen kommt. Wenn sich die mittlere Temperatur an der Erdoberfläche weiter erhöht, schmelzen außerdem die Eismassen am Nordpol und am Südpol immer schneller ab. Gleichzeitig erwärmt sich das Wasser an der Oberfläche des Meeres immer mehr. Dadurch steigt der Meeresspiegel. Durch einen solchen Anstieg könnten tiefliegende Küstenregionen überschwemmt werden. In Europa wären davon unter anderem die Niederlande und Norddeutschland bedroht.

Erik ist bestürzt darüber, wie sich der anthropogene Treibhauseffekt auswirken könnte. Dann findet er heraus, dass es bereits heute Anzeichen für eine verstärkte globale Erwärmung gibt. Und eines dieser Anzeichen hat Maria erwähnt: El Niño.

El Niño ist ein Klimaphänomen, das regelmäßig alle 2-7 Jahre im Pazifikraum zwischen Südamerika und Südostasien auftritt. El Niño sorgt für eine Umkehrung der normalen Wettersituation. Während es in den normalerweise feuchten Regionen Südostasiens sehr trocken ist, wird die Westküste Südamerikas von starken Regenfällen heimgesucht. Besonders Peru und Ecuador sind von diesen Regenfällen betroffen. El Niño ist ein natürliches Klimaphänomen. Die Bewohner in den betroffenen Gebieten haben gelernt, mit diesem Klimaphänomen zu leben. Allerdings tritt El Niño in letzter Zeit immer häufiger auf. Von 1990 bis 1995 war das Wetter in Südamerika ununterbrochen unter dem Einfluss von El Niño. Nur kurze Zeit später, zum Jahreswechsel 1997/1998, sorgte ein ungewöhnlich starker El Niño in Peru für sinnflutartige Regenfälle. Diese Regenfälle lösten viele Schlammlawinen aus. Tausende Menschen wurden obdachlos.

Erik muss schlucken. Während des El Niño von 1997/1998 wurde also Marias Haus von einer Schlammlawine zerstört. Erik beginnt Maria zu verstehen. Dass El Niño in letzter Zeit so häufig und so stark aufgetreten ist, deuten einige Wissenschaftler als frühe Symptome der globalen Erwärmung. Einem Artikel zufolge ist es sogar möglich, dass sich das El Niño-Klimaphänomen verstetigt, wenn sich die Atmosphäre weiter aufheizt. Die extremen Überschwemmungen in Südamerika und Dürren in Südostasien wären dann der Normalfall. Davor hat Maria also Angst. Erik kann nun nachvollziehen, warum sich immer mehr Menschen für den Klimaschutz engagieren. Sie wollen die möglichen Konsequenzen der globalen Erwärmung abmildern. Erik recherchiert daher auch ein wenig zum Klimaschutz und stößt dabei immer wieder auf einen Begriff: Das Kyoto-Protokoll.

Das Kyoto-Protokoll ist eine internationale Vereinbarung. Viele Länder verpflichten sich darin, den Ausstoß von Treibhausgasen nachhaltig zu reduzieren. Das Kyoto-Protokoll hat aber einige Schwächen. Die festgeschriebenen Ziele sind unverbindlich. Wenn ein Land seine Ziele nicht erreicht, hat das für dieses Land keine Konsequenzen. Außerdem haben einige Länder das Protokoll gar nicht ratifiziert. Dazu gehören auch die USA, die für 25% der weltweiten Treibhausgasemissionen verantwortlich sind und die deshalb als größter Umweltverschmutzer der Welt gelten.

Erik denkt nach. Maria hat anscheinend recht. Es gibt eine globale Erwärmung und der Mensch hat einen großen Anteil daran. Doch was kann konkret getan werden, um die Folgen der globalen Erwärmung abzumildern? Diese Frage beschäftigte Erik besonders aus einem Grund. In seinen Quellen wird immer wieder betont, dass die Energiebranche eine große Verantwortung für den Klimaschutz trägt, da Kraftwerke einen großen Teil der weltweiten Kohlendioxidemissionen produzieren. Erik ist sich aber sicher, dass die Menschen nicht auf irgendwelche Errungenschaften der Zivilisation verzichten werden, nur um Energie zu sparen und dadurch das Klima zu schützen. Wie kann die Energiebranche aber genügend Strom für die Menschen produzieren und gleichzeitig die Treibhausgasemissionen reduzieren? Plötzlich stößt Erik auf einen interessanten Artikel. Der Artikel beschreibt einige neue Verfahren, durch die sich die Treibhausgasemissionen der Kraftwerke reduzieren lassen, ohne das Produktionskapazität verloren geht. Mittel- und langfristig würde es sich für die Energieunternehmen sogar wirtschaftlich lohnen, wenn sie diese Verfahren aus eigenem Antrieb in die Praxis umsetzen. Erik ist neugierig. Doch bevor er sich näher mit diesem Thema beschäftigt, will er noch etwas anderes tun. Erik schreibt Maria eine lange Email. Eine Antwort kommt schon am nächsten Tag.

5 Zusammenfassung und Ausblick

In dem vorliegenden Buch wurden die Potenziale und Einsatzmöglichkeiten von Podcasts in pädagogischen Kontexten diskutiert und darauf aufbauend Kriterien für die effektive Ausgestaltung dieser innovativen Audiomedien entwickelt.

Im Hinblick auf den ersten Teil dieser Aufgabenstellung wurden zunächst die hohen Erwartungen an Podcasts als neues Medium zum Lernen und Lehren beleuchtet und auf ihren Gehalt hin analysiert. Im Mittelpunkt standen dabei vor allem die Annahmen, Podcasts würden das Lernen noch mobiler machen und außerdem die Qualität von Lehr-Lern-Prozessen verbessern. Unter Berücksichtigung von Forschungsarbeiten zum Hören und Zuhören wurden Potenziale und Grenzen des Einsatzes von Podcasts herausgearbeitet. Demnach eignen sich Podcasts grundsätzlich als Medium für ein „Lernen unterwegs", da das Lernen unter der Ausführung von Nebentätigkeiten, die den „Lernraum Straße" charakterisieren, unter bestimmten Umständen möglich ist. Allerdings ergeben sich aus den Besonderheiten des mobilen Lernens mit Audiomedien folgende Implikationen:

- Bei der Gestaltung von Podcasts sind verstärkt Aufmerksamkeitsprozesse beim Lerner zu berücksichtigen, insbesondere in Bezug auf die Reizselektion und die Aktiviertheit.
- Bei der Gestaltung von Podcasts müssen die begrenzten Verarbeitungskapazitäten des Lerners bedacht werden. Zum einen haben diese Verarbeitungskapazitäten beim Zuhören eine besondere Bedeutung, zum anderen werden sie gegebenenfalls durch Nebentätigkeiten noch zusätzlich eingeschränkt.

Podcasts erfüllen also nicht per se die in sie gesetzten Erwartungen. Vielmehr ist die Effektivität dieser Audiomedien an ihre spezielle Ausgestaltung und ihren didaktisch-methodisch gezielten Einsatz geknüpft. Im Idealfall bieten Podcasts pädagogisches Potenzial und einen didaktischen Mehrwert in der Hinsicht, dass sie z.B. Lernprozesse innerhalb von Blended Learning-Konzepten bereichern, flexibilisieren und verbessern können. Gleichzeitig kann ein Lernen mit Podcasts die oft vernachlässigte Förderung von Zuhörfertigkeiten akzentuieren.

Um den speziellen Anforderungen Rechnung zu tragen, die ein Lernen durch Zuhören im „Lernraum Straße" an Podcasts stellt, wurde ein theoretischer Bezugsrahmen für ihre Ausgestaltung und ihren Einsatz erarbeitet. Dieser theoretische Bezugsrahmen bildet die Basis für den zweiten Teil der Aufgabenstellung dieser Untersuchung. Unter wirtschaftspädagogischer Perspektive wurden konkrete Gestaltungskriterien für Podcasts entwickelt. Diese Gestaltungskriterien adressieren über die Dimensionen Sprache, Struktur und Inhalt sowohl die begrenzten Verarbeitungskapazitäten von Zuhörern als auch die Prozesse der Aufmerksamkeit.

Als zentrales Ergebnis der Untersuchung wurden die Kriterien zur Gestaltung von Podcasts in einem integrativen Kriterienkatalog zusammengefasst. Er kann Lehrenden als Handlungsanleitung dafür dienen, über den Ansatz des Storytelling Podcasts für den Einsatz in Blended Learning-Konzepten zu erstellen. Wie eine solche Podcastproduktion aussehen kann, wurde im praktischen Teil des Buches beispielhaft dargestellt.

Die Forschungen zu Podcasts stehen noch ganz am Anfang. Insbesondere bedarf es verstärkten Untersuchungen von Podcasts mit pädagogischem Schwerpunkt, da diese in den aktuellen Veröffentlichungen in Relation zu ihrer Bedeutung noch stark unterrepräsentiert sind. Mit der vorliegenden Untersuchung wurde der Versuch gemacht, genau auf diesen vernachlässigten Forschungsbereich einzugehen.

Das entwickelte Konzept zur Ausgestaltung und zum Einsatz von Podcasts benötigt noch eine eingehende empirische Überprüfung. So müssen etwa Blended Learning-Konzepte, die Podcasts nach Maßgabe des Konzepts integrieren, umfassend evaluiert werden, um die Wirksamkeit dieser Audiomedien für das Lernen und Lehren zu analysieren. Weitere Forschungsperspektiven bietet z.B. die Frage, ob sich Podcasts aufgrund ihrer relativ einfachen Handhabung als interaktive Lernmedien eignen. So könnten Lerner selbst Podcasts produzieren und während dieser Lernaktivitäten sowohl fachlich-inhaltliches Wissen aufbauen als auch ihre kommunikativen Fähigkeiten und Fertigkeiten weiterentwickeln. Auch für diese Anwendungsmöglichkeiten durch die Lerner kann der in diesem Buch entwickelte Kriterienkatalog eine Grundlage bilden.

6 Literaturverzeichnis

Achtenhagen, F., Tramm, T., Preiß, P., John, E. G., Seemann-Weymar, H. & Schunck, A. (1992). *Lernhandeln in komplexen Situationen. Neue Konzepte der betriebswirtschaftlichen Ausbildung.* Wiesbaden: Gabler.

Achtenhagen, F. (2001). Criteria for the Development of Complex Teaching-Learning Environments. *Instructional Science, 29,* 361-380.

Anderson, J. R. (2001). *Kognitive Psychologie* (3. Aufl.) (R. Graf & J. Grabowski, Übers.). Heidelberg: Spektrum. (Originalwerk publiziert 2000)

Arnold, B.-P. (1999). *ABC des Hörfunks* (2. überarb. Aufl.). Konstanz: UVK Medien.

Ballstaed, St.-P., Mandl, H., Schnotz, W. & Tergan, S.-O. (1981). *Texte verstehen, Texte gestalten.* München: Urban & Schwarzenberg.

Beyer, R. (1987). *Psychologische Untersuchungen zur Textverarbeitung unter besonderer Berücksichtigung des Modells von Kintsch und van Dijk (1978).* Leipzig/Heidelberg: Berth. (Zeitschrift für Psychologie, Supplement 8).

Bogaschewsky, R., Hoppe, U., Klauser, F., Schoop, E. & Weinhardt, Ch. (2002).*ImpulsEC - Entwicklung eines multimedialen Lehrgangs zum Thema Electronic Commerce.* Universität Osnabrück. (Research Report ImpulsEC, 1)

Brahm, T. (2007). Social Software und Personal Broadcasting - Stand der Forschung. In S. Seufert & T. Brahm (Hrsg.), *"Ne(x)t Generation Learning": Wikis, Blogs, Mediacasts & Co. - Social Software und Personal Broadcasting auf der Spur* (S. 20-38). St. Gallen: SCIL, Universität St. Gallen.

Broadbent, D.E. (1958). *Perception and Communication.* London: Pergamon Press.

Brownell, J. (1994). Creating strong listening environments: A key hospitality management task. *The International Journal of Contemporary Hospitality Management, 6* (3), 3-10.

Campbell, G. (2005). There's Something in the Air: Podcasting in Education. *Educause Review, 40 (*6), 32-47. [Online] http://www.educause.edu/ir/library/pdf/erm0561.pdf (03.01.2007)

Christmann, B. & Leis, M. (2005). *Kommunikationsmodelle.* [Online]. http://www.lehrer-online.de/kommunikationsmodelle.php (12.09.2007)

Deutsch, J. & Deutsch, D. (1963). Attention: Some theoretical considerations. *Psychological Review, 70,* 80-90.

Driver, J. (2001). A selective review of selective attention research from the past century. *British Journal of Psychology, 92*, 53-78.

Edelson, D. C. & Joseph, D. (2001). *Interest-driven learning: A design framework for motivating active learning.* [Online].
http://www.designbasedresearch.org/reppubs/edelson-joseph.pdf (15.08.2007)

Eder, J. (1999). *Dramaturgie des populären Films. Drehbuchpraxis und Filmtheorie.* Hamburg: Lit.

Ertl, B. & Mandl, H. (2004). *Kooperationsskripts als Lernstrategie.* München: Ludwig-Maximilians-Universität: Institut für Empirische Pädagogik und Pädagogische Psychologie. (Forschungsbericht Nr. 172).

Fittkau, B., Müller-Wolf, H.-M. & Schulz von Thun, F. (1994). *Kommunizieren lernen (und umlernen). Trainingskonzeptionen und Erfahrungen* (7. Aufl.). Aachen: Hahner.

Gold, J., Holman, D. & Thorpe, R. (1999), *The manager as a critical reflective practitioner: uncovering arguments at work* [Electronic Version]. Manchester School of Management. (Critical Management Studies Conference).

Gerz, W. (2006). Wie Entwickler durch Podcasts lernen. *Computerwoche, 33* (34), 32-33.

Haack, J. & Mischke, D. (2005). *Applying Transfer in Goal-based Interdisciplinary Learning Environments.* Potsdam. (Proceedings of the ISPRS working group VI/1 - VI/2 'Tools and Techniques for E-Learning').

Hagen, M. (2004). *Förderung des Hörens und Zuhörens in der Schule. Begründung, Entwicklung und Evaluation eines Handlungsmodells.* Dissertation. [Online].
http://edoc.ub.uni-muenchen.de/archive/00002239/ (03.01.2007)

Hagen, M. (2006). *Förderung des Hörens und Zuhörens in der Schule.* Göttingen: Vandenhoeck und Ruprecht.

Hasebrook, J. (1995). *Multimedia-Psychologie.* Heidelberg: Spektrum Akademischer Verlag

Häusermann, J. & Käppeli, H. (1994). *Rhetorik für Radio und Fernsehen* (2. Aufl.). Aarau/Frankfurt a.M.: Sauerländer.

Heckhausen, H. (1989). *Motivation und Handeln* (2. Aufl.). Berlin: Springer.

Hemforth, B. & Strube, G. (1999). Syntaktische Struktur und Sprachperzeption. In A. Friederici (Hrsg.), *Sprachrezeption. Enzyklopädie der Psychologie, C/III/2,* (S. 243-270). Göttingen: Hogrefe.

Horn, D. & Fiene, D. (2007). *Das Podcast-Buch.* Poing: Franzis

Imhof, M. (2003). *Zuhören - Psychologische Aspekte auditiver Informationsverarbeitung.* Göttingen: Vandenhoeck & Ruprecht.

Imhof, M. (2004). *Zuhören und Instruktion - Empirische Zugänge zur Verarbeitung mündlich vermittelter Information.* Münster: Waxmann.

Imhof, M. (1995). *Mit Bewegung zu Konzentration? Zu den Funktionen motorischer Nebentätigkeiten für die Regulation von Konzentration beim Zuhören.* Dissertation, Münster: Waxmann.

Jäckel, M. (2005). *Medienwirkungen.* (3. Aufl.). Wiesbaden: Verlag für Sozialwissenschaften.

Kahlert, J. (2000). Der gute Ton in der Schule. Überlegungen zum pädagogischen Stellenwert einer akustisch gestalteten Schule. In L. Huber, & E. Odersky, (Hrsg.), *Zuhören, Lernen, Verstehen* (S. 7-25). Braunschweig: Westermann.

Ketterl, M., Schmidt, T., Mertens, R. & Morisse, C. (2006). Techniken und Einsatzszenarien für Podcasts in der universitären Lehre. [Online] http://www.inf.uos.de/prakt/pub/pub_markus.php.de

Kim, H-O. & Klauser, F. (2004a). *Analyse der Erfolgsfaktoren für computer- und netzbasierte Lernangebote.* Universität Osnabrück. (Research Report ImpulsEC, 8).

Kim, H-O. & Klauser, F. (2004b). *Grundlagen der Evaluation computer- und netzbasierter Lernangebote.* Universität Osnabrück. (Research Report ImpulsEC, 9).

Kintsch, W. (1988). The Role of Knowledge in discourse comprehension: A construction-integration model. *Psychological Review, 95,* 163-182.

Kintsch, W. (1996). Lernen aus Texten. In J. Hofmann & W. Kintsch (Hrsg.), *Lernen. Enzyklopädie der Psychologie, C/II/7,* (S. 503-528). Göttingen: Hogrefe.

Kintsch, W. (1982). *Gedächtnis und Kognition* (A. Albert, Übers.). Berlin: Springer. (Originalwerk publiziert 1977)

Klauser, F. (1998a). „Anchored Instruction" – eine Möglichkeit zur effektiven Gestaltung der Lehr-Lern-Prozesse in der kaufmännischen Ausbildung. *Erziehungswissenschaft und Beruf, 46,* 283-305.

Klauser, F. (1998b). Problem-Based Learning – ein curricularer und didaktisch-methodischer Ansatz zur innovativen Gestaltung der kaufmännischen Ausbildung. *Zeitschrift für Erziehungswissenschaft,* 1 (2), 273-293.

Klauser, F. (1999). Fertigkeitsentwicklung - eine didaktisch-methodische Leitidee zur Ausgestaltung und Umsetzung lernfeldstrukturierter Curricula. In I. Lisop, R. Huisinga & H.-D. Speier. (Hrsg.), *Lernfeldorientierung – Konstruktion und Unterrichtspraxis* (S.303-328). Frankfurt am Main: Verlag der Gesellschaft zur Förderung arbeitsorientierter Forschung und Bildung.

Klauser, F. (2000). Ein Plädoyer für das Faktenwissen in der kaufmännischen Ausbildung. *Wirtschaft und Erziehung, 52* (10), 347-350.

Klauser, F. (2002). Fertigkeitsentwicklung - ein Kernprozess zur Förderung beruflicher Handlungskompetenz. In G. Cramer & K. Kiepe (Hrsg.), *Jahrbuch Ausbildungspraxis 2002, Erfolgreiches Ausbildungsmanagement* (S. 293-297). Köln: Deutscher Wirtschaftsdienst.

Klauser, F. & Kim, H-O. (2003). *Analyse der Zielgruppen für ImpulsEC: Konzeption, Befunde und Diskussion.* Universität Osnabrück. (Research Report ImpulsEC 5)

Klauser, F. & Pollmer, M. (2003). Lernsoftware Business English: Angebote auf dem Prüfstand. *Personalführung, 36* (1), 40-49.

Klauser, F., Pollmer, M. & Streul, D. (2003). e-Learning in der Berufsbildung: Eine Studie zur Leistungsfähigkeit von Sprachlernsoftware. *Wirtschaft und Erziehung, 55* (4), 141-148.

Kramer, K. (2003). *Die Förderung von motivationsunterstützendem Unterricht - Ansatzpunkte und Barrieren.* Dissertation. [Online]. http://e-diss.uni-kiel.de/diss_752 (15.08.2007)

Krapp, A. (1992a). Konzepte und Forschungsansätze zur Analyse des Zusammenhangs von Interesse, Lernen und Leistung. In: A. Krapp & M. Prenzel (Hrsg.), *Interesse, Lernen und Leistung. Neue Ansätze einer pädagogisch-psychologischen Interessenforschung* (S. 9-52). Münster: Aschendorf.

Krapp, A. (1992b) *Psychologie der Lernmotivation. Perspektiven der Forschung und Probleme ihrer pädagogischen Rezeption.* München: Institut für Empirische Pädagogik und Pädagogische Psychologie. (Gelbe Reihe. Arbeiten zur Empirischen Pädagogik und Pädagogischen Psychologie Nr. 22).

Krapp, A. (1998). Entwicklung und Förderung von Interessen im Unterricht. *Psychologie in Erziehung und Unterricht, 44,* 185-201.

Kürschner, C., Schnotz, W. & Eid, M. (2006). Konstruktion mentaler Repräsentationen beim Hör- und Leseverstehen. *Zeitschrift für Medienpsychologie, 18* (2), 48-59.

Kürschner, C., Seufert, T., Hauck, G. Schnotz, W. & Eid. M. (2006). Konstruktion visuell-räumlicher Repräsentationen beim Hör- und Leseverstehen. *Zeitschrift für Psychologie, 214*, 117-132.

Mandl, H., Ballstaedt, S.-P., Schnotz, W. & Tergan, S.-O. (1979). *Lernen mit Texten.* Universität Tübingen. (Forschungsschwerpunkte / Deutsches Institut für Fernstudien an der Universität Tübingen, Hauptbereich Forschung : 1979 – 1982)

Mandl, H., Gruber, H. & Renkl, A. (1997). Lehren und Lernen mit dem Computer. In F. E. Weinert & H. Mandl (Hrsg.), *Psychologie der Erwachsenenbildung. Enzyklopädie der Psychologie, D/I/4* (S. 437-467). Göttingen: Hogrefe.

Mandl, H., Reinmann-Rothmeier, G. & Kroschel, E. (1995). *Lerngeschichten. Lernerfahrungen als wirksamer Zugang zum Lernen.* Lengerich: Pabst.

Mayer, R. E. (1998). Cognitive, metacognitive, and motivational aspects of problem solving. *Instructional Science, 26,* 49–63.

Meier, C. (2007). Mediacasting an der Universität St. Gallen: Grundlagen und Szenarien. In S. Seufert & T. Brahm (Hrsg.), *"Ne(x)t Generation Learning": Wikis, Blogs, Media133 casts & Co. - Social Software und Personal Broadcasting auf der Spur* (S. 87-105). St. Gallen: SCIL, Universität St.Gallen.

MMB (2006). *Weiterbildung und Digitales Lernen heute und in drei Jahren.* [Online]. http://www.mmb-institut.de/2004/pages/trendmonitor/Trendmonitor-Downloads /Trendmonitor_I_2006.pdf (03.01.2007)

Niegemann, H. M., Hessel, S., Hochscheid-Mauel, D., Aslanski, K., Deimann, M. & Kreuzberger, G. (2004). *Kompendium E-Learning.* Heidelberg: Springer.

Norman, D.A. (1973). *Aufmerksamkeit und Gedächtnis* (R.H. Piquardt, Übers.). Weinheim: Beltz Verlag. (Originalwerk publiziert 1969)

Oak media GmbH (2007). *In 6 Wochen zum Energiefachmann.* [Online]. http://www.pressbot.net/article_1,1,i,44064.html (15.09.2007)

Paas, F., Renkl, A. & Sweller, J. (2003). Cognitive load theory and instructional design: Recent developments. *Educational Psychologist, 38,* 1-4.

Paechter, M. (1996). Unterrichtsplanung in der Instruktionspsychologie. Technische Universität Braunschweig. (Arbeiten aus dem Institut für Empirische Pädagogik und Instruktionspsychologie, Reihe 1/96).

Pashler, H. E. (1998). *The psychology of attention.* Cambridge, MA: MIT Press/Bradford Books.

Pfister, M. (1994). *Das Drama* (8. Aufl.). München: Fink.

Pollmer, M. (2007). *Zusatzqualifikation Kaufmann/Kauffrau in der Energie- und Wasserwirtschaft.* [Online]. http://www.uni-leipzig.de/~wipaed/kaufmann-energie-wasser/ (12.09.2007)

Posner, M. I., & Snyder, C. R.R.,(1974). Attention and cognitive control. In R. L. Solso (Ed.), *Information processing and cognition: The Loyola Symposium* (pp. 55-85). Hillsdale, NJ: Lawrence Erlbaum.

Prenzel, M. & Mandl, H. (1993): Transfer of learning from a constructivist perspective. In T. M. Duffy, J. Lowyck & D. H. Jonassen (Hrsg.). *Designing environments for constructive learning* (S. 311 - 326.). New York: Springer.

Rapp, G. (1982) *Aufmerksamkeit und Konzentration. Erklärungsmodelle – Störungen - Handlungsmöglichkeiten.* Bad Heilbrunn: Klinkhardt.

Reinmann-Rothmeier, G. (2003). *Didaktische Innovation durch Blended Learning. Leitlinien anhand eines Beispiels aus der Hochschule.* Bern: Huber.

Reinmann, G. (2006). *Story, Game und Scripting: Analoge und direkte Impulse für die Hochschullehre.* Augsburg: Universität Augsburg, Medienpädagogik. (Arbeitsbericht Nr. 11)

Reinmann, G. & Vohle, F. (2005). *Erzählen und Zuhören in Organisationen.* Augsburg: Universität Augsburg, Medienpädagogik. (Arbeitsbericht Nr. 8)

Rinck, M., & Bower, G. H. (2000). Temporal and spatial distance in situation models. *Memory & Cognition, 28,* 1310-1320.

Rost, M. (1990). *Listening in language learning.* London: Longman.

Rubens, Annik (2006). *Podcasting. Das Buch zum Audiobloggen.* Köln: O'Reilly

Rheinberg, F. (2004). Intrinsische Motivation und Flow-Erleben. In J. Heckhausen und H. Heckhausen (Hrsg.), *Motivation und Handeln* (3. Aufl.) Berlin: Springer.

Schiefele, U. (1996). *Motivation und Lernen mit Texten.* Göttingen: Hogrefe.

Schiefele, U. (2000). Befunde – Fortschritte – neue Fragen. In U. Schiefele & K.-P. Wild (Hrsg.), *Interesse und Lernmotivation: Untersuchungen zu Entwicklung, Förderung und Wirkung* (S. 183-205). Münster: Waxmann.

Schneider, W. & Chein, J. W. (2003). Controlled & automatic processing: Behavior, theory, and biological mechanisms. *Cognitive Science, 27,* 525-559.

Schnotz, W. (1985). *Elementaristische und holistische Theorieansätze zum Textverstehen.* DIFF Tübingen. (Forschungsbericht Nr. 35)

Schnotz, W. (1994). *Aufbau von Wissensstrukturen. Untersuchungen zur Kohärenzbildung beim Wissenserwerb mit Texten.* Weinheim: Beltz.

Schulz von Thun, F., Ruppel, J. & Stratmann, R. (2000). *Miteinander reden: Kommunikationspsychologie für Führungskräfte*. Reinbek bei Hamburg: Rowohlt-Taschenbuch-Verlag.

Seger, L. (2001). *Das Geheimnis guter Drehbücher* (4. Aufl.). Berlin: Alexander-Verlag.

Seufert, S. (2007). "Ne(x)t Generation Learning" - Was gibt es Neues über das Lernen? In S. Seufert & T. Brahm (Hrsg.), *"Ne(x)t Generation Learning": Wikis, Blogs, Mediacasts & Co. - Social Software und Personal Broadcasting auf der Spur* (S. 2-19). St. Gallen: SCIL, Universität St. Gallen.

Solso, R. L. (2005). *Kognitive Psychologie* (M. Reiss, Übers.). Berlin: Springer. (Originalwerk publiziert 2001)

Stark, R. & Mandl, H. (2000). Konzeptualisierung von Motivation und Motivierung im Kontext situierten Lernens. In U. Schiefele & K.-P. Wild (Hrsg.), *Interesse und Lernmotivation: Untersuchungen zu Entwicklung, Förderung und Wirkung* (S. 95-115). Münster: Waxmann.

Styles, E.A. (2005). *Attention, Perception and Memory*. Hove: Psychology Press.

Styles, E.A. (2006). *The psychology of attention* (2nd Ed.). Hove: Psychology Press.

Tergan, S. –O. (1981). *Ist Textverständlichkeit gleich Textverständlichkeit?* DIFF Tübingen. (Forschungsberichte Nr. 7)

Thier, K. (2006). *Storytelling. Eine narrative Managementmethode*. Springer: Heidelberg.

Tiemeyer, E. (2005) *E-Learning in der beruflichen Bildung - Technologien, Einsatzszenarien, E-Learning-Didaktik*. Darmstadt: Winkler.

Tramm, T. P. (1997). *Lernprozesse in der Übungsfirma*. [Online].www.ibw.unihamburg.de /personen/mitarbeiter/tramm/texte_tt/Habil.pdf (11.05.2007)

Treisman, A (1964). Selective attention in man. *British Medical Bulletin, 20*, 12-16.

Trini, M. (2005). *Verteilung von Aufmerksamkeit zwischen und innerhalb von Objekten*. Dissertation.[Online]. http://www.opus.ub.uni-erlangen.de/opus/volltexte/2005/209 (30.04.2007)

Van Dijk, T. A. (1980). *Textwissenschaft. Eine interdisziplinäre Einführung* (C. Sauer, Übers.). München: Deutscher Taschenbuch Verlag. (Originalwerk publiziert 1978)

Warren, R.M. & Warren, R.P. (1970). Auditory illusions and confusions. *Scientific American, 223*, 30-36.

Weidenmann, B. (1996). Instruktionsmedien. In F.E.Weinert (Hrsg.), *Psychologie des Lernens und der Instruktion. Enzyklopädie der Psychologie, D/I/2*, (S. 319-368). Göttingen: Hogrefe.

Weidenmann, B. (1997). Medien in der Erwachsenenbildung. In F.E.Weinert & H. Mandl (Hrsg.), *Psychologie der Erwachsenenbildung. Enzyklopädie der Psychologie, D/I/4,* (S. 405-436). Göttingen: Hogrefe.

Weidenmann, B. (2000). Medien und Lernmotivation: Machen Medien hungrig oder satt? In U. Schiefele & K.- P. Wild (Hrsg.), *Interesse und Lernmotivation* (S.117-132). Münster: Waxmann.

Wickens, C.D. (2002). Multiple resources and performance prediction. *Theoretical Issues in Ergonomic Sciences, 4*, 1-19.

Wirth, K. (2006a). *Konstruktion problembasierter Lernumgebungen im Spannungsverhältnis informationstechnischer und pädagogischer Rationalität.* Frankfurt a.M.: Peter Lang.

Wirth, K. (2006b). *Narrativ modellierte Situationen in Lernfirmen.* [Online]. http://www.bwpat.de/ausgabe10/wirth_bwpat10.pdf (15.08.2007)

Wirth, K. & Klauser, F. (2004). *Narrative Ausgestaltung komplexer Problemstellungen für computer- und netzbasierte Lehr-Lern-Angebote.* Universität Osnabrück. (Research Report ImpulsEC 12)

Zehrt, W. (2005). *Hörfunk-Nachrichten* (2. überarb. Aufl.). Konstanz: Ölschläger.

Printed in Germany
by Amazon Distribution
GmbH, Leipzig